保育の現場で役立つ心理学

保育所保育指針を読み解く

編著
相良　順子
宮本　友弘

著
大熊　光穂
小泉　左江子
齋藤　有
佐藤　有香
鈴木　悦子
平山　祐一郎
村田　カズ

アイ・ケイ コーポレーション

はじめに

1　本書のねらい

　平成29年に「保育所保育指針」が改訂された。「保育所保育指針」は，保育に関わる現場の保育者にとって，保育の指南書であり，また，保育士養成課程に在籍する保育士を目指す学生にとっては，必読の，そして最も身近にある書である。

　新しい「保育所保育指針」の「第1章　総則」(p.11)では，保育所は養護と教育を一体的に行う場と捉え，就学前に育みたい能力として10の姿が提示されている。それに基づき乳幼児では身体的発達，社会的発達，精神的発達の3つの視点があげられており，1歳以上児では，健康，人間関係，環境，言葉，表現の5領域に分けられて具体的に指針が示されている。その内容をみると，子どもの内面つまり，心理についての言及が多いことに気づく。例えば，乳児保育の「イ身近な人と気持ちが通じ合う」の内容には，「③生活や遊びの中で，自分の身近な人の存在に気付き，親しみの気持ちを表す。」(保育所保育指針，p.15)とある。ここでいう「親しみの気持ち」とは，心理学でいえば，「愛着」という観点から解釈することができる。このように，「保育所保育指針」には心理学に関係する事柄がふんだんに使われている。

　子どもの心身は毎日少しずつ成長し続けている。子どもの心理的な発達を知らないで，子どもに向き合うことは難しい。幼児期の子どもの理解と支援において，心理学はその基礎となる学問であるといえるだろう。

　そこで，「保育所保育指針」を一つの学問領域である心理学から読み解いてはどうだろうか，またそれによって，「保育所保育指針」の理解が深まり，さらには子どもの心理のよりよい理解と支援につながるのではないかと考えたのが本書を企画したきっかけである。

2　本書の構成と読み進め方

(1)　全体の構成

　本書が読み解くのは，「保育所保育指針」の「第2章　保育の内容」(p.13)で示されている，乳児保育では3つの視点「健やかに伸び伸びと育つ」「身近な人と気持ちが通じ合う」「身近なものと関わり感性が育つ」，1歳以上3歳未満児の保育と3歳以上児の保育では5つの領域「健康」「人間関係」「環境」「言葉」「表現」ごとの「(イ)内容」である。各「(イ)内容」には，丸数字が付された項目が列挙されているが，そこから，心理学の視点で解説すべきと思われる項目，あるいは項目のグループを，1つの視点・領域につき3つずつ取り上げた。

(2)　ページの構成

　次ページに示した構成(本文抜粋)のように，項目(グループ)ごとに2ページを単位にして，次の4つのパートからなる。

❶　保育の内容：各視点・領域の「(イ)内容」からピックアップした項目(グループ)

❷　心理学の概念・理論：ピックアップした項目(グループ)に関係の深い心理学の概念・理論(学術用語)の提示とその解説

❸　事例：解説した概念・理論によって子どもの理解が深まる事例

❹　考えてみよう：解説した概念・理論に関する2つの問題

section3-1　ウ　環　境

指針：内容（イ）

〈該当番号〉
① 安全で活動しやすい環境での探索活動等を通して、見る、触れる、嗅ぐ、味わうなどの感覚のはたらきを豊かにする。
② 玩具、絵本、道具などに興味をもち、それを使った遊びを楽しむ。
③ 近隣の生活や季節の行事などに興味や関心をもつ。

A　好奇心
　探索活動とは、見慣れぬ状況や新奇な刺激に対して、近づいて情報を得ようとする行動である。子どもは、視覚、聴覚、触覚、嗅覚、味覚をフルにはたらかせて対象の情報を集め、それが何であるかを認識しようとする。そうした活動を動機づけているのが「好奇心」である。すなわち、好奇心とは、おもしろいと思うことを探求する欲求であり、人に生まれながらに備わっているのである。興味や関心は、好奇心とほぼ同義であり、人は、好奇心によって、探索活動を起こし、その結果、おもしろさや楽しさを得ることによって、満たされる（図ウ-1）。

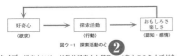
図ウ-1　探索活動の心

③好奇心のタイプ　好奇心には、拡散的好奇心と特殊的好奇心の2タイプがある。
　拡散的好奇心とは、知らないことや新しいもの、めずらしいものを幅広く知ろうとする好奇心である。一方、特殊的好奇心とは、自分が興味をもっていることをもっと深く知ろうとする好奇心である。拡散的好奇心は興味の範囲を広げ、知識をバランスのとれたものにすること、特殊的好奇心は興味を深め、知識をより首尾一貫したものにすることに、それぞれ重要なはたらきをする。

③好奇心と新奇性の程度　対象の新奇性が強すぎると、好奇心ではなく、不安や恐怖が引き起こされ、子どもは対象を回避しようとする。逆に、新奇性が弱すぎると、退屈が生じ、やはり同様に子どもは対象には接近しない。
　ほどほどの程度の新奇性が好奇心をかき立てることが知られており、その「ほどほど」を見極めることが大切である。

③好奇心の個人差　同じ対象であっても、好奇心を引き起こす子どもとそうでない子どもがいる。また、拡散的好奇心がより強い子ども、特殊的好奇心がより強い子どももいることも考慮に入れ、そうした一人ひとりの好奇心の在り方にも目を向けることが重要である。

事例

1 7か月のKくん　人見知りをしない子。知らない人がいると気になって仕方がない様子。抱っこしていても、何度もさっきの知らない人のほうを振り返って見ていて、足や手を動かして少しもじっとしていない。足が何かに当たると蹴る、テーブルなどに当たると蹴る、を繰り返している。また、目の前にある物には何でも手を伸ばして触ろうとする。小さいみかんが魅力的らしく、一生懸命つかもうとするが、転がってしまう。かろうじてつかめたらすぐに口に持っていく。まだ食べるのは早いので、みかんの代わりに同じオレンジ色の柿ピーの小袋を置いてみたところ、早速手を伸ばしてつかむ。カシャカシャといい音がするので、すっかり気に入って何度も振っている。テーブルにぶつけるように振るので、中身は粉々になってしまった。

2 4色のカラーボールと段ボール（1～2歳児）　1～2歳児が数人遊んでいるところに、4色のカラーボールをたくさん持っていたら、大喜びで早速投げている。そこで丁度ボールの大きさ位の穴が4つあいた段ボール箱を真ん中に置いた。ボールを片手に近寄ってきた子どもは、穴を見ると持っていたボールをポトンと入れる。パッと顔が輝き、もう一つボールを拾ってきてポトン。見ていたほかの子どももボールを穴に入れた。全員が夢中になって穴にボールを入れている。とうとうボールがなくなってしまった。そこで段ボール箱を持ち上げてみると、一斉にボールが出てきたので「わーっ」と歓声が上がった。
　要領がわかった子どもたちは、今度は慣れた様子で穴にボールを入れている。時折穴の中をのぞく子どもや、段ボール箱を持ち上げようとする子どももいる。2歳の子どものなかには、穴に4色の色がついているのに気づいて、同じ色の球を入れようとする子どもも出てくる。これを何回か繰り返し、全部ボールが入ったところでおしまいにした。

♣　考えてみよう

1. 拡散的好奇心と特殊的好奇心の具体例をあげてみよう。
2. 次の場面について、好奇心の観点から、0歳児・1～2歳児・3歳以上の子どもの行動を説明しなさい。
　年齢がさまざまな縦割り保育でのできごと。突然窓ふきのお兄さんがゴンドラに乗ってビルの窓ふきを始めた。ゴンドラがゆらゆらと左右に揺れるのを、0歳児はじっと目がくぎづけになって見ている。3歳以上の子どもたちは、「わーっ、すごい！」と歓声を上げて近寄って興味津々で見ている。ところが1～2歳児の子どもたちだけは、後ずさりをして顔が引きつっているようだ。保育者の陰に隠れてしがみついている子もいる。

〈参考文献〉　＊　＊　＊　＊　＊　＊
稲垣佳世子：「好奇心」、平凡社（編）、「新版　心理学事典」、平凡社（1981）

ページ構成

（3）　読み進め方
　本書は、次の学習ポイントを参照のうえ、❶⇨❷⇨❸⇨❹と順に読み進めていただきたい。
理論・概念のポイント　取り上げた内容のどの部分が、当該の概念・理論と関係するのかをしっかり読みとる。その際、概念・理論の理解をより深めるために「保育の心理学」で使用したテキストを参照してほしい。それによって、「保育の心理学」で学んだことと「保育所保育指針」とのつながりもみえてくる。
事例のポイント　事例で描かれた子どもの姿をみたとき、心理学的には何とよべる現象なのか、内面では何が起きているのかを考察する。これを材料にディスカッションをしてもよい。
「考えてみよう」のポイント　第1問目で、解説した心理学の概念・理論に関する知識の習得状況を確認する。第2問目は、知識の実践的な活用をみる応用問題であり、「事例のポイント」と同様に、ディスカッションなどで活用してもよい。

　以上、本書を通して「保育所保育指針」がさらに深く理解され、心理学の概念や理論を通して子どもの具体的な姿が目に浮かぶようになれば、編者としてこのうえない喜びである。
　本書の出版にあたっては、㈱アイ・ケイコーポレーション、森田富子氏、信太ユカリ氏、および板野志津氏にご尽力いただいた。心よりお礼申し上げる。

2018年9月

相良順子・宮本友弘

著者紹介

編著者

相良　順子 (さがら　じゅんこ)

聖徳大学児童学部児童学科教授

お茶の水女子大学大学院人間文化研究科修了　博士(人文科学)

主要著書，論文

「子どもの性役割態度の形成と発達」風間書房(2002)

「発達と教育のための心理学初歩」ナカニシヤ出版(2011)

「保育の心理学」ナカニシヤ出版(2012)

Individual differences in what 2-year-old children look at：Observations in a daycare.2012

宮本　友弘 (みやもと　ともひろ)

東北大学高度教養教育・学生支援機構准教授

東北大学大学院教育情報学教育部修了　博士(教育情報学)

主要著書

「マルチメディアで学ぶ臨床心理面接」誠信書房(2003)

「教科心理学ハンドブック」図書文化(2010)

「発達と教育のための心理学初歩」ナカニシヤ出版(2011)

「学校心理学ハンドブック　第2版」教育出版(2016)

著　　者

大　熊　光　穂 (おお　くま　みつ　ほ)　聖徳大学短期大学部保育科准教授

小　泉　左江子 (こ　いずみ　さえこ)　聖徳大学短期大学部保育科非常勤講師

齋　藤　　有 (さい　とう　ゆう)　聖徳大学児童学部児童学科講師

佐　藤　有　香 (さ　とう　ゆ　か)　和洋女子大学家政学部家政福祉学科准教授

鈴　木　悦　子 (すず　き　えつ　こ)　聖徳大学保健センター教授

平　山　祐一郎 (ひら　やま　ゆういちろう)　東京家政大学家政学部児童学科教授

村　田　カ　ズ (むら　た　かず)　聖徳大学短期大学部保育科教授

目　次

1章　乳児保育に関わるねらい及び内容 —————————————————— 10

section 1-1　ア　健やかに伸び伸びと育つ　＜指針内容：（イ）①，⑤＞ ················· 齋藤　有

A　欲　求 ··· 10
事例 1 新生児A君の母親　**2** 抱っこしてほしい
♣考えてみよう

1-2　　健やかに伸び伸びと育つ　＜指針内容：（イ）②＞

B　運動機能 ·· 12
事例 1 0歳児クラスのお友だち　**2** 大好きな先生をめざして
♣考えてみよう

1-3　　健やかに伸び伸びと育つ　＜指針内容：（イ）③，④＞

C　気　質 ··· 14
事例 1 保育室の午睡の時間の様子　**2** 今日は機嫌がわるい
♣考えてみよう

section 2-1　イ　身近な人と気持ちが通じ合う　＜指針内容：（イ）①，③＞ ············· 齋藤　有

A　愛　着 ··· 16
事例 1 人見知りのはじまり　**2** 見知らぬ人が保育所見学に
♣考えてみよう

2-2　　身近な人と気持ちが通じ合う　＜指針内容：（イ）②，④＞

B　三項関係 ·· 18
事例 1 お父さん，こっちへ来て　**2** いたずらっ子のはじまり
♣考えてみよう

2-3　　身近な人と気持ちが通じ合う　＜指針内容：（イ）⑤＞

C　情動調律 ·· 20
事例 1 病院での診察　**2** どの服が好き
♣考えてみよう

section 3-1　ウ　身近なものと関わり感性が育つ　＜指針内容：（イ）①，②＞ ············ 村田カズ

A　乳児の知覚 ·· 22
事例 1 お兄ちゃんの作品をなめた
　　　2 エプロンのひもを触って，引っ張ってみたい
♣考えてみよう

3-2　　身近なものと関わり感性が育つ　＜指針内容：（イ）③＞

B　共同注意 ·· 24
事例 1 うちわを見てほしい　**2** 赤い積み木も積みたいね
♣考えてみよう

3-3　　身近なものと関わり感性が育つ　＜指針内容：（イ）④＞

C　感覚運動期 ·· 26
事例 1 ハンドリガード　**2** フットリガード
♣考えてみよう

2章 1歳以上3歳未満児の保育に関わるねらい及び内容 ──────────── 28

section 1-1 ア 健康 <指針内容：（イ）①> ······················ 鈴木悦子
- A 基本的信頼 ··· 28
  - 事例 **1** 言語発達遅滞 **2** 高齢出産の母親 ················· 小泉左江子
    - ♣考えてみよう

  1-2 健康 <指針内容：（イ）②>
- B 生理的リズム ··· 30
  - 事例 **1** 母乳育ちのDくん **2** 昼食時に，こっくり
    - **3** ぼくは寝られない ··································· 小泉左江子
      - ♣考えてみよう

  1-3 健康 <指針内容：（イ）⑥，⑦>
- C 自律性 ··· 32
  - 事例 **1** 野菜炒めが苦手なBくん **2** ちーいく
    - **3** パジャママン ······································· 小泉左江子
      - ♣考えてみよう

section 2-1 イ 人間関係 <指針内容：（イ）①> ················· 大熊光穂
- A 内的作業モデル ··· 34
  - 事例 **1** 後追い **2** 登園を渋るXちゃん **3** 大事なもの ······· 小泉左江子
    - ♣考えてみよう

  2-2 人間関係 <指針内容：（イ）⑥>
- B 模 倣 ··· 36
  - 事例 **1** はーい，タッチ **2** かんぱーい **3** お母さんのしぐさ
    - **4** なりきり **5** 手遊びのまね ······················· 小泉左江子
      - ♣考えてみよう

  2-3 人間関係 <指針内容：（イ）②>
- C 有能さの欲求 ··· 38
  - 事例 **1** せんたく遊び **2** お外が見たかったんだね ·············· 小泉左江子
    - ♣考えてみよう

section 3-1 ウ 環 境 <指針内容：（イ）①，⑥> ··············· 宮本友弘
- A 好奇心 ··· 40
  - 事例 **1** 7か月のKくん **2** カラーボールと段ボール ··········· 小泉左江子
    - ♣考えてみよう

  3-2 環 境 <指針内容：（イ）③>
- B カテゴリー化 ··· 42
  - 事例 **1** ワンワン **2** おんなじ！ **3** パズルが大好き ·········· 小泉左江子
    - ♣考えてみよう

  3-3 環 境 <指針内容：（イ）②>
- C アフォーダンス ··· 44
  - 事例 **1** 自然の中のアフォーダンス **2** プリン山
    - **3** ブロックの電車 ····································· 小泉左江子
      - ♣考えてみよう

section 4-1 エ 言 葉 <指針内容：（イ）②，③> ··············· 平山祐一郎
- A 言語化 ··· 46
  - 事例 **1** とったよー，見て！ **2** ニャンニャン

❸ タッチ ……………………………………………………………… 小泉左江子
♣考えてみよう

4-2 　　言　葉　＜指針内容：（イ）④，⑤＞

B　発　話 ………………………………………………………………………… 48
事例　❶ どてっ！　❷ まっしろ！　❸ 中国人の年長さん ……… 小泉左江子
♣考えてみよう

4-3 　　言　葉　＜指針内容：（イ）①，⑥＞

C　表　象 ………………………………………………………………………… 50
事例　❶「これは？」と聞いて　❷ おばあちゃんきらい！ ……… 小泉左江子
♣考えてみよう

section **5-1**　オ　表　現　＜指針内容：（イ）③＞ ……………………………… 小泉左江子

A　感覚モダリティ（知覚様相） ……………………………………………… 52
事例　❶ しずくの動きを楽しむ　❷ くすぐって！　❸ やまぶどうのむらさき色
♣考えてみよう

5-2 　　表　現　＜指針内容：（イ）⑤＞

B　イメージ ……………………………………………………………………… 54
事例　❶ みのむしがぶら下がっている　❷ おおかみだぞー
　　　 ❸ 4つの言語のイメージ
♣考えてみよう

5-3 　　表　現　＜指針内容：（イ）①，②，④，⑥＞

C　表現欲求 ……………………………………………………………………… 56
事例　❶ 動物園でわにを見た　❷ まるにチョンを描く
♣考えてみよう

3章　3歳以上児の保育に関するねらい及び内容 ——————————————— 58

section **1-1**　ア　健　康　＜指針内容：（イ）②＞ …………………………… 鈴木悦子

A　運動学習 ……………………………………………………………………… 58
事例　❶ 教えて！といえないAくん　❷ 転がしドッチでのBくん
　　　 ❸ 3人で作った"砂の街"
♣考えてみよう

1-2 　　健　康　＜指針内容：（イ）⑤＞

B　摂食行動 ……………………………………………………………………… 60
事例　❶ 初めて食べたそら豆　❷ Eちゃんトマト食べたよ先生
　　　 ❸ お箸が使えたKちゃん
♣考えてみよう

1-3 　　健　康　＜指針内容：（イ）⑦＞

C　習　慣 ………………………………………………………………………… 62
事例　❶「おれ一番」のAくん　❷ 着替えにチャレンジ
　　　 ❸ プールが大好き
♣考えてみよう

section **2-1**　イ　人間関係　＜指針内容：（イ）⑤，⑩＞ ………………………… 相良順子

A　共感／B　思いやり（愛他行動） …………………………………………… 64
事例　❶ 年少児へのお世話
　　　 ❷ 縄跳びの記録を巡って ……………………………………… 佐藤有香
♣考えてみよう

2-2　　　人間関係　＜指針内容：（イ）⑥＞

C　心の理論 ··· 66
　　　事例　**1** 宝探しゲームでの出来事　**2** 内緒だよ ················· 佐藤有香
　　　　　　♣考えてみよう

2-3　　　人間関係　＜指針内容：（イ）⑨，⑪＞

D　道徳性・規範意識 ··· 68
　　　事例　**1** 栽培しているハツカダイコンを巡って
　　　　　　2 お片付けの時間だよ ··································· 佐藤有香
　　　　　　♣考えてみよう

section 3-1　ウ 環　境　＜指針内容：（イ）①，②，⑤＞ ····················· 宮本友弘

A　素朴理論 ··· 70
　　　事例　**1** 花だんの前に立ちつくす ······························· 佐藤有香
　　　　　　♣考えてみよう

3-2　　　環　境　＜（イ）⑨＞

B　数概念 ·· 72
　　　事例　**1** フルーツバスケットゲームでの椅子並べ ·············· 佐藤有香
　　　　　　♣考えてみよう

3-3　　　環　境　＜指針内容：（イ）⑩＞

C　リテラシー ·· 74
　　　事例　**1** お手紙交換　**2** 先生，何て読むの ·················· 佐藤有香
　　　　　　♣考えてみよう

section 4-1　エ 言　葉　＜指針内容：（イ）③，④＞ ························· 平山祐一郎

A　会　話 ·· 76
　　　事例　**1** Aくんの思いは伝わらず ······························· 佐藤有香
　　　　　　♣考えてみよう

4-2　　　言　葉　＜指針内容：（イ）②＞

B　外言と内言 ·· 78
　　　事例　**1** はじめてのトンネル ··································· 佐藤有香
　　　　　　♣考えてみよう

4-3　　　言　葉　＜指針内容：（イ）⑧，⑨＞

C　象徴機能 ··· 80
　　　事例　**1** 劇の発表に向けて ····································· 佐藤有香
　　　　　　♣考えてみよう

section 5-1　オ 表　現　＜指針内容：（イ）⑤＞ ··························· 大熊光穂

A　創造性 ·· 82
　　　事例　**1** レストランごっこのエプロンづくり ··················· 佐藤有香
　　　　　　♣考えてみよう

5-2　　　表　現　＜指針内容：（イ）③，④，⑧＞

B　自己表現 ··· 84
　　　事例　**1** イルカショーごっこ　**2** 5歳児の踊りを真似る ·········· 佐藤有香
　　　　　　♣考えてみよう

5-3　　　表　現　＜指針内容：（イ）①，②＞

C　感　性 ·· 86
　　　事例　**1** 大きな傘　**2** 絵の具でお絵描きしたのかな ·············· 佐藤有香
　　　　　　♣考えてみよう

9

section 1 − 1　　ア　健やかに伸び伸びと育つ

指針：内容（イ）

〈該当番号〉
①　保育士等の愛情豊かな受容の下で，生理的・心理的欲求を満たし，心地よく生活をする。
⑤　おむつ交換や衣服の着脱などを通じて，清潔になることの心地よさを感じる。

A　欲　求

　欲求とは，私たち人間が主体的に行動する際の源となる心理的エネルギーである。

☞ **欲求の種類**　欲求は大きく，生理的欲求と心理的欲求に分類される。

　生理的欲求とは，食欲，排泄欲，睡眠欲など，生命の保持に直接関係する欲求であり，体内の環境を一定に保とうとする「ホメオスタシス」とよばれる仕組みによって制御されている。保育においても，食事，排泄，睡眠といった基本的生活習慣を子どもたちが確立し，これらの欲求を自ら満たせるようにすることは重要な課題である。

　一方の心理的欲求は，生命の保持に直接関係するものではないが，社会生活を送るうえで必要な欲求である。例えば「接触欲求」は，不安や恐れなどを感じる場面で信頼できる他者に接触し，安心・安全の感覚を得ようとする，生まれながらの心理的欲求である。この欲求は子どもが身近な大人と関係を形成するうえで重要な役割をもっている。

☞ **乳児と欲求**　ヒトは「生理的早産」とよばれるように身体的に未熟な状態で生まれるため，生まれたばかりの乳児はひとりで欲求を満たすことはできない。例えば，乳児がミルクによって空腹を満たす場面を考えると，大人がミルクを用意することはもちろん，乳児を抱きかかえ，哺乳びんを口元にもっていかなくてはならないし，ミルクを飲んだ後にはミルクと一緒に飲み込んでしまった空気による不快感を解消するためにゲップもさせてやらなくてはならない。しかし，生まれたばかりの乳児でも「泣き」によってその欲求を表現することはできる。そこで養育者や保育者など周囲の大人は乳児の泣きのシグナルに反応して，乳児の欲求をできる限り適切に理解し，満たしてやる必要がある。

☞ **欲求の先取り**　乳児が泣くと「かわいそう」と感じるかもしれない。しかし，乳児を泣かせないようにと欲求を先取りして世話をしてしまうと，その乳児の発達の機会を損ねる可能性がある。乳児は生まれながらに「快」と「不快」を区別することができ「不快」であることは泣くことによって表現される。その泣きは，自らの欲求を満たすために必要な周囲の大人の関わりを引き出すことにつながる。そうした経験の積み重ねは，他者に対する基本的な信頼感の獲得や，自分が行動の主体として環境に影響し得る存在なのだという「自己効力感」の獲得にもつながるのである。したがって，養育者や保育者など周囲の大人は子ども自ら欲求を適切に捉え，その欲求を満たして心地よく生活する力を育むよう援助のタイミングを意識する必要がある。

> **1　新生児Aくんの母親**　Aくんが生まれて2週間。朝も夜も関係なく3時間に1回のペースで授乳やおむつ替えを繰り返す毎日にちょっぴり疲れ気味のお母さん。
>
> 　さあ，Aくんが目を覚まして泣き始めた。母親は起き上がり，「お腹すいた？ちょっと待ってね」と声をかけ，慌てて隣の部屋へ。Aくんの泣き声が聞こえるので焦りながらも，ミルクをつくって部屋へ戻る。Aくんをそうっと抱き上げ，哺乳びんを口元へもっていくとパクっと食いつき，ごくごくと一生懸命ミルクを飲み始めた。Aくんが泣き止み，「おいしいね」と声をかけてほっと一息つく母親。Aくんがミルクを飲み干したら今度は，Aくんの背中を軽く叩いてゲップを出させる。そうしてまた母親がAくんをベビーベッドに戻そうとした途端，Aくんが再び泣き出した。「あら，どうしたの？」ともう一度抱き直すと，ぶりぶりっと大きな音が聞こえる。「まあ，うんちがしたかったのね」と母親はちょっと笑って「うんち出てよかったね〜新しいおむつにしてすっきりしようね〜」と笑顔で声をかけながらおむつ替えを始めた。Aくんは泣き止み，母親の顔をじっと見つめている。
>
> **2　抱っこしてほしい**　生後4か月になったAくん。母親と一緒に，はじめて家の近くの児童館へ。児童館には同じくらいの月齢の子どもや少し大きな子どもとその母親たちがいて，ふたりを歓迎して仲間に入れてくれる。ところが，母親の抱っこ紐から出され，仰向けに寝かされたAくんは，あたりを見渡し，突然大きな声で泣き始めた。母親が慌ててもう一度抱っこをして，しばらくフロアを歩き回るとAくんは次第に落ち着き，泣き止んだ。そこで母親がもう一度Aくんを下ろして仰向けに寝かせると，Aくんは泣かずに，今度は「アウアウ」と大きな声で抱っこを要求する。そこで母親が座ってAくんを前向きに抱っこすると，Aくんは泣かずにきょろきょろと周りの子どもや母親たちを見渡しはじめた。

♣　考えてみよう

1. 心理的欲求には，接触欲求の他にどのようなものがあるだろうか。
2. 乳児の世話をするときには，どのようなことを意識したらよいだろうか。おむつ替えをする場面や肌着を着替えさせる場面など具体的な場面を想像して考えてみよう。

〈参考文献〉　＊　＊　＊　＊　＊　＊

遠藤利彦：「赤ちゃんの発達とアタッチメント乳児保育で大切にしたいこと」p.50 ひとなる書房（2018）
中島義明，繁枡算男，箱田裕司編：「新・心理学の基礎知識」p.262-265, 292 有斐閣（2005）

1章　乳児保育に関わるねらい及び内容

section 1 − 2　　ア　健やかに伸び伸びと育つ

〈該当番号〉
②　一人一人の発育に応じて，はう，立つ，歩くなど，十分に体を動かす。

B　運動機能

　運動機能とは，私たち人間が環境と主体的に関わり，学習や経験をしていくための運動を可能にする機能である。したがって，運動機能の発達は，身体的な面ばかりでなく，心理的な面との関わりについても見ていく必要がある。

胎児期の自発運動　母親が胎動を感じるようになるのは一般に妊娠20週前後であるが，実は妊娠10週以前に，胎児は外からの刺激によらない運動（自発運動）を開始している。例えば，新生児が手足を複雑に動かすジェネラルムーブメントが，その一つである。自発運動は，外部環境を変化させ，自らが動く感覚とともに外部環境が変化する感覚を得ることにつながる。そのような感覚刺激は感覚器官の発達だけでなく，心と体の基盤となる中枢神経系の発達も促す役割をもっている。この中枢神経系が発達することで，次第に自分の意志でコントロールできる随意運動が増え，生後4か月頃に自発運動の多くは消失していく。

乳児期の運動機能の発達　随意運動の開始により，乳児は自らの意志で周囲の環境を探索できるようになる。この探索への意欲が，「座る」⇨「はう」⇨「立つ」⇨「歩く」の順序で進む乳児期の運動機能の発達に重要な役割を果たす。例えば，生後6〜7か月に安定してお座りできるようになると，乳児は座った姿勢でリーチング（手のばし）を頻繁に行い，自分の周囲の興味のあるものを触ったり握ったりして遊ぶ。しかし，このリーチングで届かない範囲へ興味が広がると，生後8か月頃にはお座りの姿勢からうつぶせやよつばいの姿勢になって「はう」ことへ，生後9か月頃につかまり立ちの姿勢から「立つ」ことや「歩く」ことへと移行していく。したがって子どもの運動機能の発達を援助するためには，子どもの興味や関心を引き出す環境づくりを考える必要がある。

運動機能の発達と感情　運動機能の発達のなかでも「はう」ことは，乳児が大人から離れて環境探索する初めての手段となるが，この「はう」経験が深さへの「恐怖」感情を発達させるようだ。「視覚的断崖」とよばれる実験では，高さ1メートルほどの台に乳児を乗せる。この台の床は半分から先が透明のアクリル板になっていて，そこはまるで断崖絶壁のように感じられるが，この時「はう」経験をもつ乳児だけが，心拍数の高まりなど恐怖反応を示すのである。このような感情は大人から離れて探索する際，子ども自ら危険を察知し，行動を調整するために重要となる。なお，この時「おいで」と養育者が笑顔で励ますと，子どもはその視覚的断崖を前進できることも明らかにされている。人的・物的環境と主体的に関わるなかで，子どもの運動機能と心理機能は関連し合い，発達していく。

section 1−2　ア　健やかに伸び伸びと育つ

事例

1　0歳児クラスのお友だち

0歳児，1歳児，2歳児クラス合わせて10人の小規模保育園。0歳児クラスにいるのは10か月のMちゃんと6か月の男児Nくん。1歳児クラス，2歳児クラス合同でリズム遊びをしているところに，2人が先生に抱っこされてやってきた。先生が2人を下ろすと，Mちゃんは，急いではいはいをしてピアノを弾いている保育者のところまでいき，その膝に手を伸ばして立ち上がると，大きなお友だちがタンバリンを鳴らしたり，鈴を鳴らしたりする様子に合わせて，にこにこ片手を振りはじめた。一方のNくんも，まだハイハイすることはできないが，両手を床にしっかりとつけてからだを持ち上げ，大きなお友だちの様子を一生懸命見た後，両手両足をバタバタさせて，「あ～あ～」とリズム遊びに参加して楽しんでいるようだ。

2　大好きな先生をめざして

生後8か月のNくんは興味があるものを見つけると一生懸命手をのばして取ろうとする様子が見られるようになっていた。天気のよい日に，園のみんなで公園に散歩に出かけ，芝生の上で他の大きいお友だちがかけっこをしたり，木登りをしたりする様子を見ながらうれしそうに声を出していたNくん。腕の力でからだをひきつけ，足で床面を蹴り，前進しようとする様子が見られる。それに気づいた保育者がNくんからほんの少し離れたところに向かい合ってしゃがみこみ，「Nくん，すごいすごい！おいで～」と手を叩きながら声をかけると，Nくんは一生懸命「ん～」と声を出しながら前進，また前進。保育者の前までくると，前進をやめ，両手両足をバタバタして抱っこを要求。「Nくんすごいね～ずりばいできちゃったね～」と抱っこされるとNくんは満足そうに，にこにこしていた。

考えてみよう

1. 子どもの運動機能の発達を促すような環境設定について人的環境，物的環境の両面から考えてみよう。
2. 「座る」「はう」「立つ」「歩く」の各発達段階に合った玩具や遊び方には，どんなものがあるか考えてみよう。

〈参考文献〉　＊　＊　＊　＊　＊　＊

開一夫，齋藤慈子編：「ベーシック発達心理学」p.77～97

大城昌平，儀間裕貴編著：「子どもの感覚運動機能の発達と支援―発達の科学と理論を支援に活かす」p.20～71．メジカルビュー社（2018）

日本発達心理学会編：「発達科学ハンドブック発達の基盤4：身体，認知，情動」p.47～57．

1章　乳児保育に関わるねらい及び内容

section1-3　ア　健やかに伸び伸びと育つ

〈該当番号〉
③　個人差に応じて授乳を行い，離乳を進めていく中で，様々な食品に少しずつ慣れ，食べることを楽しむ。
④　一人一人の生活のリズムに応じて，安全な環境の下で十分に午睡をする。

C　気　質

　生まれたばかりの乳児にも，さまざまな個人差がある。特に発達初期からみられる行動特性の個人差は気質とよばれ，環境よりも遺伝による影響が大きいものである。

🔄**気質の分類**　トマス（Thomas, A.）らが1950年代に開始したニューヨーク縦断研究では，子どもの行動観察や両親への面接などにより，複数の観点から総合的に子どもの気質を以下の4つに分類している（表1）。

表1　気質の種類

気質の種類（出現割合）	特　徴
扱いにくい　（10％）	生理的機能が不規則で機嫌がわるい。新しい刺激に回避的で順応が遅い。
扱いやすい　（40％）	生理的機能が規則的で機嫌がよい。新しい刺激に積極的で順応が早い。
出だしが遅い（15％）	生理的機能は規則的で機嫌がよいが，新しい刺激に回避的で順応が遅い。
平均的　　　（35％）	上記の3分類のいずれにも含まれない。

　生後5年間の追跡調査から，これらの気質的特徴は，少なくとも乳幼児期を通して一貫していること，さらに青年期に行った追跡調査では，幼少期「扱いにくい」気質に分類された子どもは，その後，問題行動を起こすリスクが相対的に高いことが示されている。

🔄**気質と環境の相互作用**　幼少期の気質は子どもの発達を規定する一つの要因になることは間違いない。しかしトマスらは，長期にわたる個別事例を検討し，親が子どもの気質的特徴を受容していて，家庭環境も安定している場合には，子どもの発達に大きな問題が生じにくいことから，子どもの気質と環境との適合のよさが重要であると指摘している。同じような気質的特徴をもつ子どもでも，周囲の大人がそれを肯定的に捉えるのか，否定的に捉えるのかによっても，そこでの接し方の質が変わり，結果として子どもの気質的特徴が強められたり，弱められたりすることがある。特に第1子が扱いづらい気質の場合に，母親の育児ストレスが高くなるという知見もあることから，母親が一人で育児を抱え込むことのないような支援をしていく必要があるだろう。

　以上より，保育室においても，さまざまな気質をもつ子どもがいることを理解すると同時に，家庭や園での子どもの様子について，保育者は保護者と共有し，それぞれの子どもの気質的特徴や子どもの家庭環境，その日の状態などを考慮しながら，離乳を進めたり，睡眠の習慣を整えたりしていくことが重要である。

section 1-3　ア　健やかに伸び伸びと育つ

事　例

1　保育室の午睡の時間の様子　4月，0歳児クラスには2人の園児（TくんとNちゃん，いずれも6か月）が入ってきた。家庭では二人とも抱っこで午睡するとのことだったが，Tくんは1週間もしないうちに保育園での午睡に慣れ，布団で子守唄を歌いながら足をさすってやると，すーっと眠りにつき，2時間ほどまとまって午睡ができるようになった。一方のNちゃんは，布団を嫌がり抱っこで揺らしてやらないと眠りにつけず，ちょっとした物音でも敏感に反応してすぐに起きてしまうことが続いている。

　今日もNちゃんは1時間ほどで目覚めてしまったので，保育者は抱っこで保育室の外のテラスに出て，Tくんが目を覚ますまでNちゃんとゆったりと時間を過ごした。

2　今日は機嫌がわるい　0歳児クラスのMくん（7か月）はいつも機嫌がよく，笑顔いっぱいで人気者。腹ばいで手足をバタバタ動かし，1歳児クラスのお兄ちゃんお姉ちゃんのにぎやかな声やリズム遊びの音にも入園当初から驚くことなく，喜んで参加している。

　6か月から始めた離乳食も順調で，「あ〜ん」といいながらスプーンを口に持っていくと，大きな口を開けてどんな食材も喜んで食べてくれる。

　ところが今日は，なんだかMくんがご機嫌斜めな様子。抱っこをしているときは笑顔も出るが，下ろすと「んん」と不満そうに抱っこを要求する。熱はないようだが，いつものように離乳食も食べず，ミルクを飲みながら眠ってしまった。

　降園時に迎えにきた父親に園での様子を伝えると，週末は家族で外出し，興奮して昼寝ができなかったとのこと。「ちょっと疲れていたのかな」と父親に抱っこされたMくんに声をかけると，Mくんは「そうだよ」とでもいうように「あ〜」と声を出した。

♣　考えてみよう

1. 「扱いにくい」「扱いやすい」「出だしが遅い」各気質の子どもの具体的な姿を考えてみよう。
　また，各気質的特徴は周囲の大人の関わりにどのように影響するだろうか。

2. 保護者と連携する際には，どのような手段や方法があるだろうか。
　また，園での子どもの様子を保護者に伝える際には，どのようなことを意識して伝えるとよいだろうか。

〈参考文献〉　＊　＊　＊　＊　＊　＊

三宅和夫，高橋惠子編著：「縦断研究の挑戦―発達を理解するために」p.90〜104，金子書房（2009）
内田伸子編著：「よくわかる乳幼児心理学」p.61〜73，ミネルヴァ書房（2008）

1章　乳児保育に関わるねらい及び内容

section2-1　イ　身近な人と気持ちが通じ合う

指針：内容（イ）

〈該当番号〉

① 子どもからの働きかけを踏まえた，応答的な触れ合いや言葉がけによって，欲求が満たされ，安定感をもって過ごす。

③ 生活や遊びの中で，自分の身近な人の存在に気付き，親しみの気持ちを表す。

A　愛着

　子どもが安定感をもって過ごすためには「何があってもこの人がいれば大丈夫」と思えるような存在が不可欠だ。愛着（アタッチメント）とは，子どもが恐れや不安を感じたときに，特定の人にくっついて安心しようとする行動傾向のことである。

↻**愛着の概念**　愛着は，養育者と子どもの間の情緒的な絆ともよばれるが，本来は，環境のなかで自らの安全を確保する生物学的なしくみであり，子どもに限らず生涯みられる行動傾向である。それが乳児と養育者の関係として語られるのは，未熟な状態で生まれる乳児は自ら他者にくっつくことが難しく，愛着の達成には，養育者の役割が重要なのである。

↻**愛着の形成過程**　愛着の形成過程において，乳児は受け身の存在ではない。乳児は生まれながらに人の声や人の顔の特徴がもつ刺激に人に注意を向けるが，実はそれが周囲の大人の関わりを引き出しているのである。生後3か月頃には，自分を世話してくれる特定の養育者（愛着対象者）とそうでない人を区別した愛着行動を示すようになり，ずりばいなどで大人から離れての環境探索を開始する生後6か月頃には，愛着対象者を探索の際の安全基地として利用するようになる。

　このとき，愛着対象者が子どもの愛着行動を十分に受け止めず，安全基地として機能しないと，子どもは安心して探索を続けることができない。子どもが主体的に行動できるようにするためにも，愛着対象者は，子どもの様子を見守り，子どもからの愛着行動に対して適切に応じることが必要である。

↻**乳児保育における愛着**　一般的に，乳児の愛着対象者は養育者であると考えられている。しかし，乳児期から保育を受ける子どもにとって，養育者だけでなく保育者も重要な愛着対象者となり得る。9歳時点での担任教師や友達との関係性には，乳幼児期の母親との愛着関係ではなく，最初の保育者との愛着関係が関連するという知見がある。子どもが社会生活を送る基礎として，保育者は養育者とは違った役割をもっているといえる。

　子どもたちは保育所において初めての集団生活を経験する。したがって，子どもたちの安全基地として機能するために，保育者は，個々の子どもの愛着行動に応じることはもちろん，集団状況に配慮して，子ども同士の関わりがスムーズになるような役割を果たすことも重要である。

section2－1　イ　身近な人と気持ちが通じ合う

事例

1　人見知りのはじまり

生後3か月のAくん。「キャッキャッ」と声をあげて笑ったり，「あ～あ～」「う～う～」と喃語もよく出るようになって，可愛さが増してくる時期である。ところが外に出かけたり，なじみのない人が遊びにきたりすると途端にだんまりとしてしまうAくん。せっかくいろいろな人が「可愛いね」「何か月？」などと話しかけてくれるのに……。遊びにきてくれた親戚のおじさんに抱っこされたとたん，大きな声で泣き叫び，慌てて母親が抱っこするとケロっと泣き止むAくん。おじさんは「元気がよくていいね」と笑ってくれたが，申し訳ない気持ちになる母親だった。

2　見知らぬ人が保育所見学に

ある日，0歳児クラスに保育所見学をしたいという夫婦がやってきた。見知らぬ人たちの姿に，ほとんどの子どもは近くの保育者へ近づき，保育者に触れながらじーっとそのふたりの姿を見つめている。保育者たちは子どもたちを安心させるように笑顔で「こんにちは」と夫婦に挨拶をした。

夫婦は，子どもたちに笑顔を向けながら，夫婦にあまり興味を示す様子がなく，ブロックをいじって遊んでいるある子どもに「何して遊んでいるの？」としゃがんで声をかけた。すると，声をかけられた子どもは目を丸くして，慌てて，保育者のほうへ，はいはいして向かっていった。

♣　考えてみよう

1. 日常生活を振り返り，幼い子どもが養育者を安全基地としていることがわかる，具体的な事例をあげてみよう。
2. 乳児保育においては「担当制」や「ゆるやかな担当制」によって，保育者が担当する子どもを決めている場合が多い。それはなぜだろうか。

〈参考文献〉　＊　＊　＊　＊　＊　＊

遠藤利彦：「赤ちゃんの発達とアタッチメント―乳児保育で大切にしたいこと」，ひとなる書房(2017)
野澤祥子：「保育の場におけるアタッチメント」発達，153，p.55～60.(2018)

section2-2 **イ 身近な人と気持ちが通じ合う**

〈該当番号〉

② 体の動きや表情，発声，喃語等を優しく受け止めてもらい，保育士等とのやり取りを楽しむ。

④ 保育士等による語りかけや歌いかけ，発声や喃語等への応答を通じて，言葉の理解や発語の意欲が育つ。

B 三項関係

　乳児と大人がやり取りする姿を観察していると，ある時期大きな変化が生じることに気がつくだろう。それ以前，大人と見つめ合ったまま，自分のからだの動きや表情，発声を大人が受け止め，反応してくれることを楽しんでいた子どもが，それ以降，自分の好きな玩具を大人に見せたり，「ちょうだい」「どうぞ」と大人と物の受け渡し遊びをしたり，大人と「モノ」を介したやり取りを楽しむようになるのである。三項関係とは，このようなやり取りに含まれる「子ども」「大人」「モノ」の3つの関係のことである。

❤ **三項関係の成立**　母親が「お花が咲いているよ」と指さして子どもに声をかけると，子どもは母親の指さした先にある花を見て笑う。この時，「子ども」と「母親」は「花」を介してやり取りしており，三項関係が成立した状態である。生後9か月から1歳頃にかけてこの三項関係が成立すると，子どもは「他者」と「モノ」を共有・共感して楽しむこと，さらに「他者」を通じて自分の知らない「モノ」の名前や性質などを学ぶことが可能になる。したがって三項関係の成立は「9か月革命」とよばれるほど，子どもの社会性や言語，認知能力の発達を飛躍的に向上させることにつながる。

❤ **二項関係の成立**　三項関係の成立以前，子どもは「自分」と「大人」の二項関係のやり取りを楽しむが，これも初めから備わるものではない。静止顔実験で，子どもと養育者が向かい合ってやり取りしている最中に養育者が急に真顔になると，戸惑う様子が見られるのは生後2か月以降である。子どもは養育者の関わりのなかで，自分が微笑むと相手も微笑むこと，自分が声を出すと相手が応えてくれることなどを理解していき，やり取りを楽しむ存在になっていくのである。

❤ **二項関係から三項関係へ**　養育者に限らず大人は，乳児と接する際，いつもより抑揚をつけてゆっくりと，そして高めの声で語りかけや歌いかけを行う。このような大人の声は子どもの注意をひきやすく，例えば，このような語りかけとともに大人が視線を物へと動かすと，三項関係が成立する以前の6か月児もその視線を追いかけるという。言葉の理解や発語のずっと以前からのやり取りを通じて育まれる「他者」への興味。それが他者の興味の対象である「モノ」への興味へとつながり，三項関係を成立させるのである。

section2－2 イ 身近な人と気持ちが通じ合う

事例

1　お父さん，こっちへ来て

朝起きたばかりのAくん（生後2か月）を父親がのぞき込み，「ご機嫌はどう？」と声をかける。Aくんは父親の顔を見て「んぐ，んぐ」と声を出す。「いい声が出るね」と父親が微笑みかけるとAくんも父親の顔を見たまま口の端をあげて微笑む。そのとき母親によばれた父親がAくんから視線を外して，少しからだを離すと，Aくんは首の向きを変えて父親のほうを見ながら，「んぐ，ぐ～」と顔を真っ赤にしかめながら声を出す。父親が「ごめんごめん」とAくんのほうに戻ってくると，Aくんは目を大きく見開いて父親を見る。父親が「おはよっ，おはよっ」とAくんのからだに触れながらリズミカルに声をかけると，Aくんも「んあ」，「んあ」と父親と同じようなリズムで声を出し，微笑んだ。

2　いたずらっ子のはじまり

生後9か月のAくんは，離乳食も3回食になり，食卓に座ってご飯を食べることが習慣になってきた。それまでは大人がスプーンで口に運ぶご飯を一生懸命食べるばかりだったAくんだが，最近は少しお腹が満たされてくると，大人からスプーンを取り上げ，振ったり，噛んだり，落としたり……。大人が「ダメよ」とか「あっ」と大きな声を出すと，さらに繰り返す。スプーンの代わりに玩具を持たせてみると，今度は玩具を「ぽいっ」と投げる始末。大人はすっかり困り顔だが，それを見てますますうれしそうにしているAくんだった。

♣　考えてみよう

1. 三項関係について具体例をあげて説明してみよう。
2. 母親と生後2か月のSちゃんが向かい合っている。Sちゃんが「あ」と声を出すと母親も「あ」と声を出し，互いに見つめ合ってコミュニケーションをしていると，Sちゃんの兄（4歳）が飛行機の玩具をもって「ぶ～ん」とやってきた。
　そこで母親が兄のほうを見て微笑み，Sちゃんに視線を戻して「お兄ちゃん，ぶ～んだって」と声をかける。このとき，Sちゃんは兄のほうを見るだろうか。

〈参考文献〉　＊　＊　＊　＊　＊　＊
M.トマセロ著：「心とことばの起源を探る―文化と認知」p.71～126，勁草書房（1999/2006）
開一夫，齊藤慈子編：「ベーシック発達心理学」p.174～175，東京大学出版会（2018）

1章　乳児保育に関わるねらい及び内容

section2−3　イ　身近な人と気持ちが通じ合う

〈該当番号〉
⑤　温かく，受容的な関わりを通じて，自分を肯定する気持ちが芽生える。

C　情動調律

　情動調律とは，子どもの情動（身体反応を伴う一時的な感情）表出に対して，大人が単に真似をするのではなく，別の形でその情動を表出し返すことである。例えば，乳児が大きな声を上げて泣いている時，大人が一緒になって泣くことはないが，乳児を抱き上げ，「はい，はい，はい…」と初めは少し強めに，乳児の泣きが落ち着いてくると次第に穏やかに，乳児の身体を揺らしてやるようなことがあげられる。

💫**情動調律の役割**　乳児は生まれた時から泣き，笑うことができる。それらの表出は喜びや悲しみなどの明確な情動が対応したものではないが，周囲の大人は「嬉しいねえ」「悲しい，悲しい」など，乳児の表出になんらかの情動を結びつけ，自身の情動をそこに調律していく。
　このような情動調律は，乳児が自らの表出の背後にある情動を理解し，発達させていく助けになると同時に，自らの情動は他者と共有できるのだという感覚も育んでいくことにつながる。

💫**調律と調整**　情動調律と似た言葉に情動調整がある。情動調整とは自らの情動状態をコントロールすることであるが，乳児が自ら情動状態をコントロールすることはできないため，周囲の大人が重要な役割を担う。例えば，子どもがぐずったり泣いたりしてネガティブな情動表出している場面を考えてみよう。母親が「うんうん，嫌だったねえ」といいながら子どもと同じように眉根を寄せて顔をしかめた後に，「もうお母さんがいるから大丈夫よ〜」といいながら，今度は笑顔を見せることがある。この時，子どものネガティブな情動に自らの情動を合わせていく前半部分が「調律」であり，子どもの情動をポジティブなものに修正しようとする後半部分が「調整」である。
　特に子どものネガティブな情動表出をきっかけとしたコミュニケーションは調律と調整がセットで行われることが多い。子どもは，自分の情動がまず受容され（調律），そこからの立ち直り（調整）を援助される中で，自分自身のよい面もわるい面も積極的に受け入れ，前向きに生きるための「自己肯定感」が育まれると考えられる。

💫**情動調律のベース**　大人が上記のような情動調律を行うベースには「こんなことを感じているのかな」と子どもの心を気遣う傾向であるマインド・マインデッドネス（mind-mindedness）がある。言葉以前の乳児の気持ちを適切に読みとることは決して簡単ではないが，乳児も心をもつ一人の存在として尊重し，乳児の発する声やしぐさを積極的に受け止めて返していくことが，子どもの自己肯定感を育むベースとしても重要だろう。

事例

1　病院での診察　風邪をひいてしまったAくん(生後7か月)。母親と一緒に小児科の病院にやってきた。診察室のなかから時折子どもの大きな泣き声が聞こえると，Aくんもそちらに目を向け，なんとなく不安そうな様子。そしてAくんの番になり，診察室へ入る。母親がAくんの様子を伝えると，お医者さんは「じゃあ喉を見てみましょうか」とAくんの口の中を見ようとする。すると，突然のことに驚き「ぎゃー」と泣き出すAくん。母親や周りにいる看護師たちが「嫌々ね〜」「大丈夫よ〜」といいながら子どものからだを押さえると，Aくんは大泣きしながらも，抵抗せず喉を見てもらったり，聴診器で胸の音を聞いてもらったりする。それが一通り終わって「わ〜，よく頑張ったね〜終わりだよ」と声をかけられるとAくんは泣きやみ，「ホッ」とした様子で母親にしがみつく。

2　どの服が好き　生後3か月のAくんはちょうどお昼寝から目を覚ましたところ。母親は「目が覚めた？」と声をかけながらAくんの背中に手を入れる。「ちょっと汗かいちゃったね〜お着替えしようか」といってベビー服を何枚か持ってくる。母親は「Aくんどのお洋服がいいかな〜こっちがいい？それともこっち？」などといいながら，Aくんにベビー服を見せていく。Aくんはしばらく母親の顔を見つめていたが，母親が「これがいいかな？」と1枚のベビー服をAくんの前に出したタイミングで「あっあっ」と笑って声を出した。母親は「わ！Aくん，これがいいのね。これ可愛いものねえ」といってその服をAくんに着せはじめた。

♣ 考えてみよう

1. 子どもと接しているときに大人が行う情動調律には，どのような例があるだろうか。
   例）　子どもがガラガラを振って遊んでいるとき，子どもの喜びや興奮といった情動を共有しようとして，養育者が子どもの手の動きに合わせて首を上下に振る。
2. 言葉を話す以前の子どもの情動を捉える手がかりとして具体的にどのようなものがあるか。

〈参考文献〉　＊　＊　＊　＊　＊　＊
中島義明，繁枡算男，箱田裕司編：「新・心理学の基礎知識」p.333〜334 有斐閣(2005)
Stern, D. N.：「乳児の対人世界：理論編」p.162〜187，岩崎学術出版社(1985/1989)

1章　乳児保育に関わるねらい及び内容

section3-1　ウ　身近なものと関わり感性が育つ

指針：内容（イ）

〈該当番号〉
① 身近な生活用具，玩具や絵本などが用意された中で，身の回りのものに対する興味や好奇心をもつ。
② 生活や遊びの中で様々なものに触れ，音，形，色，手触りなどに気付き，感覚の働きを豊かにする。

A　乳児の知覚

感覚とは　乳児は生活や遊びのなかで，身の回りの物に対する興味や好奇心をもち，さまざまなものに触れ，音，形，色，手触りなどに気づき，感覚のはたらきを豊かにする。感覚には，五感（視覚，聴覚，嗅覚，味覚，触覚）のほかに，運動感覚，平衡感覚，内臓感覚がある。これらの感覚的体験を解釈する過程は知覚とよばれている。

知覚とは　目，耳，鼻や舌，そして皮膚から得た感覚的情報のなかで，まとまった対象や事物について知る経験を心理学では知覚とよんでいる。言うまでもなく私たち人間は，すべての情報を感覚を通して得ているが，他の人の動作や表情を目で見て，声を聞き，握手をするなど触れ合うことによる感覚情報からその人を知覚することは，対人コミュニケーションにも大いに役立っているのである。

知覚の発達　私たちは，いつ頃から知覚世界をつくり始めるのだろうか。かつて乳児は無力無能で，一人では何もできないと考えられていた。

　しかし，言葉を使えない乳児，さらに胎児の能力を知る方法が開発されて，特に知覚面での有能さが明らかになってきた。

　ファンツ（Fantz, 1961）は，乳児が静止したものより動きのあるもの，直線より曲線，単純なパターンよりも複雑なパターン，無彩色よりも色彩，平面よりも立体，幾何学パターンよりも顔のようなパターン，見慣れたものより新奇なものを好んで見ることを明らかにした。

　ただし，乳児の視力には制約があり新生児の視力は約0.02，6か月児の視力は約0.2，1歳児で約0.4，3〜5歳頃に成人なみになる（向田，2010）ことも忘れないようにしたい。

　生後半年（24週）未満の乳児について，その家庭を訪問して観察した明和（1997）によると，乳児が玩具で遊ぶ際，生後17〜18週以降は手の届く範囲に玩具がある場合に，手の届かない範囲にある場合よりも長く注視したり，玩具に向かって手を伸ばしたりするという。首のすわった生後4か月以降の乳児は，物（玩具）への距離という情報を適切に処理しはじめているようである。

section3－1　ウ　身近なものと関わり感性が育つ

事例

1　お兄ちゃんの作品をなめた

生後5か月のNちゃんは，お母さんがおむつ替えの後の手を洗いに行っている間に，お兄ちゃんが学校の工作の時間にトイレットペーパーの芯で作ってきた素敵な作品をつぶしてなめてしまった。おむつ替えした場所は，お兄ちゃんの机の下からかなり離れた場所だったので，まだそれほど遠くまで移動しないだろうと安心していたお母さんは，Nちゃんの寝返りからの移動の速さに驚くと同時に，お兄ちゃんに何といってあやまろうかと困った気持ちになったのである。昨晩お兄ちゃんがお母さんに，この作品をどれほど苦労して作ったか詳しく説明しているのをうれしそうな表情で見ていたNちゃんの顔を思い出しながら，お母さんは時計を見てお兄ちゃんの下校時刻を確認した。Nちゃんの成長をお兄ちゃんと一緒に喜べたらいいのにと思うお母さんだった。

2　エプロンのひもを触って，引っ張ってみたい

4か月のRちゃんは，いろいろなものに手を伸ばすようになり，テレビを見ているお母さんのひざの上で，お母さんのエプロンのひもを引っ張って遊んでいた。電話がかかってきたので，お母さんはRちゃんを抱いたまま電話に出ようと立ち上がった。その時，お母さんはひものほどけたエプロンの裾を踏んで転びそうになってしまった。Rちゃんを落とさなくてよかったとホッとしたお母さんは，この頃急にいろいろなものを触ってみよう，引っ張ってみようとするRちゃんの行動に気をつけなければならないと思うと同時に，その成長をうれしく感じたのだった。

♣ 考えてみよう

1. 知覚の発達を促すために，首がすわったばかりの（生後4か月くらい）赤ちゃんの玩具を用意する場合，気をつけなければならないことは何か考えてみよう。

2. 玩具のほうに手を伸ばした赤ちゃんに，その玩具を近づけてあげながら，どのような声かけをしたらよいか考えてみよう。

〈参考文献〉　＊　＊　＊　＊　＊　＊

Fantz, R. L.：The origin of form perception. Scientific American, 204, p.66-72.
池田まさみ：「感覚」，平凡社編，「最新　心理学事典」，平凡社（2015）
向田久美子：「知覚の発達」，繁多進監修：「新乳幼児発達心理学」p.26-30，福村出版（2010）
明和政子：生後半年未満の乳児における空間認知，教育心理学研究　第45巻　第3号　p.346-354，（1997）

1章　乳児保育に関わるねらい及び内容

section3-2　　ウ　身近なものと関わり感性が育つ

〈該当番号〉
③　保育士等と一緒に様々な色彩や形のものや絵本などを見る。

B　共同注意

　大人と一緒にさまざまな色彩や形のものや絵本などを見ることを共同注意という。もう少し詳しくいうと，玩具など「もの」や人に向けている注意を相手の人と共有することを共同注意，相手の人と一緒に「もの」や人に視線を向けている行動を共同注意行動という。例えば，相手の人の視線や指さしを追うこと，自分から相手の人に注意を向けてもらうために指さしをすること，自分の持っている「もの」を相手に見せる行動などがある。共同注意の能力は，乳児から幼児の発達にさまざまで重要な意味をもっている。さまざまな共同注意行動について，おおよその出現時期を調べた大神（2002）による報告（下表）もある。

⟲ **相手の人の意図の理解**　共同注意が成立しているときには，自分が見ている「もの」や見せている「もの」を相手がちゃんとみているかどうかと確認したり，この「もの」はおもしろいとか，楽しいとかと相手に伝えようとしたりしていることが多い。これらは，相手の人が自分とは違うことを考えている場合があると知っているからこそ行うことである。したがって，共同注意は，相手の人には自分の思いとは違う相手の人の意図があると理解しはじめることに役立つのである。

⟲ **ことばの発達との関連**　大人が乳児に向かって，その乳児の見ているのとは違う「もの」を見ながら発することばは，その「もの」の名前を乳児が大人から教えてもらうことにつながる。大人がことばを発しながら注意を向けている「もの」に，乳児も注意すること（これが共同注意）で乳児は，自らことばを学習する機会を得ていると考えることができるのである。

表ウ-1　共同注意行動の例

視線の追従	他者の視線の先にある対象に視線を向ける（10か月）
指さしの理解	視野内の指さし理解（8か月），後方の指さし理解（11か月）
社会的参照	不確かな状況で，大人の表情や反応を見て，次の行動を選択する（12か月）
ショウイング	自分が手にしたものを他者に差し出して見せる（12か月）
ギビング	他者にものを差し出して渡す（12か月）
要求の指さし	自分が欲するものを手に入れるために指さして知らせる（12か月）
叙述（共感）の指さし	関心を共有するためにその対象を指さして知らせる（13か月）
応答の指さし	「〜はどれ？」と聞かれ，指さしで応える（15か月）

（注）（　）内は，大神，2002によるおおよその出現時期　坂上祐子（2014）より

section3－2　ウ　身近なものと関わり感性が育つ

事例

1　うちわを見てほしい　Sちゃんは12か月になり，つかまり立ちや独り立ちが少しの時間ならできるようになってきた。母親がつい先ほどまで使っていた「うちわ」を畳の上に見つけたSちゃんは，「うちわ」を持ってはいはいで，キッチンのテーブルに近づいた。そして，テーブルの脚を支えに立ち上がり，テーブルの脚から手を離して声を上げながら「うちわ」を母親のほうに差し出して見せた。すると母親は，「あっ，このうちわ，さっきまでママが使っていたうちわね。ここまで持ってきてくれたの？どうもありがとう！」と言ってSちゃんに笑顔を向けた。Sちゃんは，満足そうな顔で母親と「うちわ」を交互に見ていた。

2　赤い積み木も積みたいね　最近，積み木や箱を積むのが大好きな，お座りが上手になってきた7か月のPちゃんは，今日もせっせと積み木を積んでいる。近くにある積み木を積み終わったPちゃんは，少し遠くにある赤い積み木に手を伸ばして声をあげ，近くでKちゃんを抱っこして座っている保育者のほうを見た。保育者が「あの赤い積み木も積みたいよね！取って来られるかなあ？よいしょ，よいしょ！」と声をかけると，Pちゃんはうれしそうな表情をして「はいはい」で赤い積み木を取りに行った。Kちゃんを抱っこしていた保育者は，Pちゃんが望むように赤い積み木を取ってあげられなかったが，Pちゃんに応援のメッセージを送ることはできた。Pちゃんは保育者の応援の声を背に受けて，自分でやりたいと思うことができるようになる経験を一つひとつ積み重ねていくのだった。

♣ 考えてみよう

1. 共同注意行動のうち「ショウイング」とよばれる，乳児が手にしたものを相手に見せる行動を誘う保育者の関わり方を考えてみよう。
2. 事例2で，Pちゃんがうれしそうな表情をしたのはなぜか考えてみよう。

〈参考文献〉　＊　＊　＊　＊　＊　＊
別府哲：「共同注意」，平凡社編，「最新　心理学事典」，平凡社(2015)
小泉佐江子：「ことばの発達」，相良順子他著：「保育の心理学」第3版 子どもたちの輝く未来のために p.57，ナカニシヤ出版(2018)
大神英裕：「共同注意行動の発達的起源」，九州大学心理学研究3，p.29-39(2002)
坂上裕子：「『いま』『ここ』をこえて」，坂上裕子他著：問いからはじめる発達心理学 p.75 有斐閣ストゥディア(2014)

1章 乳児保育に関わるねらい及び内容

section3-3　ウ　身近なものと関わり感性が育つ

〈該当番号〉
④　玩具や身の回りのものを，つまむ，つかむ，たたく，引っ張るなど，手や指を使って遊ぶ。

C　感覚運動期

　乳児が玩具や身の回りのものを，つまむ，つかむ，たたく，引っ張るなど，手や指を使って遊ぶ時期をピアジェは，感覚運動的知能の段階とよんだ。ピアジェは，自身の三人の子どもたちを丁寧に観察することによって，子どもの知的な発達を説明し，出生から1歳半，または2歳ぐらいまでの時期を乳児が自分のからだを自発的に動かし，動かすことによって生じた自分の回りの変化を感じて，生まれ出てきたこの世界の様子を知っていく時期と考えた。この感覚運動期はピアジェによると次のように発達していく。

☙**原始反射を使っている段階**　新生児に生まれつき備わっている原始反射を使って，この世界と関わりはじめる時期。原始反射には，おっぱいを吸う動作を支える口唇探索反射や吸啜反射，ものをつかむ動作を支える把握反射やバビンスキー反射，抱きつく動作を支えるモロー反射などがある。

☙**一つの動作を意図的に繰り返す段階へ**　乳児が反射によって吸ったり，つかんだりすることを繰り返しながら，生後2～3か月頃になると，たまたま自分の手が視覚に入ることがある。そのとき，乳児は目の前の自分の手を「これはいったい何かな？」と不思議そうにじっと眺めていることがあるが，このように自分の手を握ったり動かしたりしながら見ていることをハンドリガードという。吸う動作をしていたら，たまたま音が出ることもあるかもしれない。その音が乳児の興味をひく音であったら，もう一度吸う動作をやってみることもある。ハンドリガードや音を出す動作などの乳児による自分の身体に限った感覚運動の繰り返しは，およそ4か月まで続く。その後，乳児は自分の動作の結果として引き起こされる「もの」の変化に関心をもつようになる。たまたま手を動かしたところにガラガラがあって音が出た。すると，また手を動かしてガラガラを鳴らそうとし，この動作を繰り返し行うようになる。

☙**乳児の動作に意図が読みとれる段階へ**　こうして乳児は「もの」との関わりを知ると，目で見た「もの」に届くように手を伸ばしたり，見た「もの」をつかんだりできるようになる。「もの」に関わるために何をすればよいかがわかるようになってきた乳児は，一つの手段を多くの目的のために，多くの手段を一つの目的のために使えるようになる。目標達成のためにさまざまな手段を試している乳児の姿がみられる段階である。

☙**実際に動作を行わなくても頭の中で予想できる段階へ**　感覚運動期も最終段階に入ると，実際に試してみなくても，頭の中である程度，ああすればこうなる，こうすればああなると理解できるようになっていくのである。

section3－3　ウ　身近なものと関わり感性が育つ

事例

1　ハンドリガード　　生後2か月も終わりに近づいたある日の夜，Sちゃんは畳の上に置いてある座布団の上で機嫌よく手足を動かしていた。夕飯の片づけも終わったお母さんが雑誌をめくりながら見ていると，Sちゃんが左手を畳と垂直に上げて手のひらを真剣な顔つきで眺めていた。何をしているのだろうと，Sちゃんのほうをよく見ると，今度は手の甲を真剣な表情で見ていた。3歳のお姉ちゃんが座布団の横をドタバタと走り抜けたために，Sちゃんがお姉ちゃんの方に気を取られるまで，Sちゃんは自分の手のひらと手の甲を交互に何度も眺めていた。

2　フットリガード　　4か月になったSちゃんは，お母さんの膝の上でお母さんと一緒に絵本のほうを向いて両手を組んで座っていた。絵本ではなく，組んだ両手を見たり手をなめようとしたりしながら，お母さんがお姉ちゃんのために絵本を読む声を聞いているようでもあった。ふと気がつくと，Sちゃんは両足の裏をくっつけたり離したりして，じっと見つめていた。お母さんが一冊の絵本を読み終わるまで，ずいぶん長い間めずらしそうに自分の足を見続けていたSちゃんだった。

♣ 考えてみよう

1. 乳児は「原始反射を使っている段階」から原始反射が消えて，「一つの動作を意図的に繰り返す段階」，「動作に意図が読みとれる段階」へと発達していくが，原始反射が消えなかったら，どのようなことが起きるだろうか，考えてみよう。

2. 事例1と事例2を読んで，ハンドリガードやフットリガードは，赤ちゃんがどのような状態のときに見られやすいだろうか，考えてみよう。

〈参考文献〉　＊　＊　＊　＊　＊　＊

村田カズ：「見ること・考えることの発達」，相良順子他著：「保育の心理学」第3版　子どもたちの輝く未来のために　p.37〜45，ナカニシヤ出版（2018）

section 1-1　　ア　健　康

指針：内容（イ）

〈該当番号〉
①　保育士等の愛情豊かな受容の下で，安定感をもって生活をする。

A　基本的信頼

　乳幼児期に他者からの愛情豊かな受容の下，安定感のある生活を送ることができるかどうか
で，その後の心身の発達に大きな影響がある。この時期に親しい人との関係性を通し，他者を
信頼し安心した関係をつくる基礎がつくられる。それをエリクソン（Erikson, E. H.）は，基本
的信頼感と述べた。この基本的信頼感を確かなものにするためには養育環境が重要となり，養
育環境のあり方がその後の成長発達に大きく影響を与えるといえる。

🕭 **基本的信頼の基礎**　生物学では，ある行動を学習し，成立する生後初期の短い期間を臨界
期とよぶ。それは人のさまざまな行動発達にも適応される。乳幼児期は，子どもが養育者と
の間で基本的信頼を育むための基礎となる重要な初期期間である。エリクソンは基本的信頼
の対の概念に基本的不信をあげている。基本的不信とはネグレクトや愛情の欠如，一貫性の
ない養育環境などにより他者に不信感を抱くようになることをいう。このように子どもの初
期環境はその後の適応に大きく影響を与える。

🕭 **養育環境と初期環境**　人間の発達にとって重要な時期について，藤永らの育児放棄（虐待）
された姉弟妹の報告がある。救出時6歳・5歳・1歳の姉弟妹は，年齢に比べ心身ともに成長
発達が遅れていた。救出されるまでの養育環境は劣悪であり，飢餓寸前の栄養状態にあり，
母親との接触はほとんどなく，放置されていた。その後1歳の妹は順調な回復を示し，同年
齢の子どもの発達にすぐに追いつくことができた。また，6歳・5歳で保護された姉弟も，
養護施設に保護された後，担当保育者と心を通わせ，あたたかな養育環境により，時間を要
したもののゆっくりと回復することができた。1歳の妹は早い年齢で保護されたことによ
り，発達初期において適切な養育環境が与えられたことが大きかったといえる。子どもの心
身の発達において初期環境の重要性が示唆された。

🕭 **基本的信頼と基本的不信**　自分をとりまく世界を信頼し，養育者に対して自分の欲求を安
心して出せることが基本的信頼感につながり，その結果自分を大切に思う気持ちや自尊心を
抱くことが可能となる。基本的信頼感は，その後の養育者以外の対人関係においても重要な
基礎となる。反対に，養育者との満たされない欲求は，その後の養育者以外の対人関係にお
いても相手を信頼できず，相手に対し不信感を抱き，自尊感情を低くするなど，不健康な対
人関係パターンを形成する。この対人関係パターンは幼児期に留まらず，時には成人期にま
でも影を残す。

section 1-1 ア 健　康

事 例

1　言語発達遅滞　　Oくんは2歳になったが，身体も小さく，ことばは理解できるが一言も話せない。それに対して3歳の姉は身体も大きく，よく話す。父親は姉はとても可愛がるが，Oくんのほうは生まれてから一度も抱いたことはなく，このごろは，いうことを聞かないとOくんをトイレや押し入れに，閉じ込めることもあるという。父親は妻へのDVを繰り返しており，若いときからリストカットを繰り返した過去がある母親は，危険を感じつつも夫との別居や離婚は考えていない。担当保健師は家庭訪問をしつつ，母親へのDVと子どもへの虐待に目を光らせている。

2　高齢出産の母親　　Yくんは10か月で保育園に入園してきた。入園前の面談時のYくんは身体が小さく，表情にもまったく生気がなかったので，保育者は発達の遅れか障害があるのではないかと心配した。しかし母親の話から，アレルギーが心配だという理由で離乳食は，野菜だけしかあげていないことがわかった。入園時のアレルギー検査では食物アレルギーがないことがわかったので，保育園では除去食ではなく普通の食事をあげることになった。Yくんは毎日モリモリと離乳食を食べ，3か月後には体重も増え，すっかり元気な普通の子になった。

その後1歳半になったYくんが，ロタウイルスにかかり嘔吐下痢を繰り返してやせてしまったときのことである。回復期になりそれを取り返すかのように大変な食欲を示したとき，母親は「病気のときの方がおとなしくてよかった。このところ食べたい食べたいといってきかないので困る。」と不満を漏らした。それを聞いて，保育者は母親と面談をし，子どもは日々成長していること，成長するためには食べないといけないこと，食べたい食べたいと主張することはいけないことではないと話した。母親は納得した。Yくんは卒園するとき，学年で一番身体が大きくなっていた。

♣　考えてみよう

1. 基本的信頼と基本的不信について具体例をあげてみよう。

2. 上記の2つの事例について，初期の養育環境と健康の影響について話し合ってみよう。

〈参考文献〉　＊　　＊　　＊　　＊　　＊　　＊
藤永保他：「初期環境の貧困による発達遅滞の事例」，教育心理学年報，第19集，p.106～111(1980)
藤永保，森永良子編：「子育ての発達心理学」p.18～33，大修館書店(2005)
「APA心理学大辞典」p.179，培風館(2013)

2章　1歳以上3歳未満児の保育に関わるねらい及び内容

section 1-2　ア　健　康

〈該当番号〉
② 食事や午睡，遊びと休息など，保育所における生活のリズムが形成される。

B　生理的リズム

　私たちは毎日，いつもの時間に起き，いつもの時間に食事し，いつもの時間に出かけ行動する。このように毎日の生活は時計を意識しながら動いている。保育所での食事や午睡，遊びと休息などの生活も時計を意識しながら過ごしている。このリズムは外からの要因によりつくられた，生活的リズム（外因リズム）とよぶ。しかし，それとは別に時計を意識することなく人間が自然なリズムで生活したときのリズムを生理的リズム（内因リズム）とよぶ。

☙**生活的リズムと生理的リズム**　人は生理的リズムのままに生活すると少しずつ眠る時間がズレ，不規則な生活となる。そのため，社会に適応した生活を送るためには24時間周期に合わせた生活リズムを身につける必要がある。この生活リズムを身につけるために適した発達の時期があり，睡眠と覚醒のリズムを獲得できる時期である。その時期は，個人差はあるが生後約2〜3か月頃から始まり，その後，毎日規則正しい生活を送ることにより24時間サイクルを身につけることができるようになる。しかし，幼い子どもの生理的リズムは，まだまだ不安定であり環境の影響を受けやすく，生活リズムを身につけるための環境づくりが重要となる。

☙**生理的リズムへの影響**　生理的リズムに影響を与える要因には，明るさ（光），温度（体温）が大きいと考えられる。特に，夜の光りや不快を感じる暑さ寒さは睡眠と覚醒のリズムをわるくする。また，最近の睡眠研究から，人は午後2時ごろに居眠りをしやすいこともわかり，子どもの心身の成長には，夜の睡眠だけでなく午睡の重要性が示唆されている。夜間や昼間につくられる心身の発達にとってよい環境は，まだまだ発達途中の子どもにとっては自分一人でつくることはできない。

☙**生理的リズムと健康**　健康な身体（特に脳）をつくるためには，昼間は明るい太陽の光を浴び（脳を活性化），夜は睡眠により脳を休める（脳の沈静化）ことがとても大切である。また，昼間は，ただ起きていればよいのではなく，食事や遊びといった活動と，午睡や休息など身体を休める時間をとり，子どもの体力に合ったメリハリのある過ごし方を取り入れた生活がよい環境といえる。本来の生理的リズムから安定した生活リズムを身につけ，社会生活に適応できる身体をつくることはとても重要である。保育所での毎日の食事や午睡，遊びに休息など，昼間の安定した生活リズムは，夜の良質な睡眠をもたらし，子どもにとって重要な成長ホルモンの分泌を促す。保育所での安定した生活リズムは，心身の健康を育てるための重要な時間といえる。

section1－2　ア　健　康

事　例

1　母乳育ちのDくん　3か月のDくんは完全母乳育ち。急に保育園に預けられることになり，慣らし保育が始まった。しかし哺乳びんのミルクを全く受けつけない。ミルクだとわかると舌で押しだしてしまう。ゴム乳首が嫌なのか，味や温度が気に入らないのか全く飲んでくれない。当然おなかがすいて眠れない。水分をとれないと生命にかかわるので，保育者はあれこれ工夫する。ミルクや乳首の種類を変え適温を保つように心がけたが，効果はなかった。あるとき，縦抱きにしてミルクをあげると少し飲んだ。保育者は，横抱きにするとおっぱいがもらえると期待するから，違うと言って怒るのではないかと思った。それ以降Dくんをラックに座らせて，哺乳びんを見せて「飲もうね」と言ってあげるようにしたら，だんだん飲めるようになり危機を脱した。

2　昼食時に，こっくり　Iくんはもうすぐ1歳になる。よく食べて，よく寝る元気な子である。今まで午睡が午前と夕方の2回寝だったので，離乳食後期のIくんは，みんなより早く10時頃に離乳食を食べて先に眠っていた。しかし，だんだん起きている時間が長くなってきたので，みんなと同じように11時頃にお昼ごはんを食べることになった。困ったことに食べはじめると，かならず途中でこっくりこっくり眠くなる。Cくんもおなかがすいているので頑張って目を開けて嚙もうとするが，自然と目がふさがってきて，ちょっとかわいそう。「Cくん，おきて！かみかみしようね。」と声をかけながら早めにランチタイムを終わる。だんだん食事中は眠らなくなり，1か月ほどたつと食事を全部食べ終わるようになった。

3　ぼくは寝られない　3歳のUくんは自閉症スペクトラム障害。みんなと同じ行動は，苦手である。白いご飯でないと嫌がって食べなかったり，食だけでなく遊びにもこだわりが強い。食後はトイレに一人でいるのが好きである。一番苦手なのはお昼寝である。多動傾向もあるUくんは，足をばたばたさせたり，隣の部屋に走っていったりして何とか寝ないようにするのだが，保育者につかまってしまう。しばらく遊んでもらって，しかたなくお部屋に戻ったらみんな寝ていた。やっとUくんも眠りについたが，このような睡眠障害は，お昼寝だけではなく夜にもみられるので大変だと保護者はいう。

♣　　考えてみよう

1. 生理的リズムと生活的リズムについて具体例をあげてみよう。

2. 午睡前の一連の流れは，子どもの生活リズムにどのような意味があるか考えてみよう。
   （例）昼食―排泄―パジャマに着替える―読み聞かせ―部屋をうす暗くする―背中をトントンする。

〈参考文献〉　＊　＊　＊　＊　＊　＊

堀忠雄編者：「睡眠心理学」北大路書房（2008）

section 1-3　ア　健　康

〈該当番号〉
⑥　保育士等の助けを借りながら，衣類の着脱を自分でしようとする。
⑦　便器での排泄に慣れ，自分で排泄ができるようになる。

C　自律性

　衣類の着脱を自分でしたり，便器を使い自分で排泄できるようになるためには，自分で自分の行動を望ましい行動として制御しなければならない。最初は自分以外の人（主に養育者）により，行動の良し悪しを教えられた行動が，次第にそのルールが自分自身の行動の基準となり自らの意思で行動を制御できるようになる。これを自律性とよぶ。

・**自律性のめばえ**　幼児期前期になると運動機能も言語機能も発達し，自分自身の意思をしっかりともつようになる。身近な人との関係のなかで，よいこと・わるいことに対し，"しつけ"によるルールが与えられ，自己統制を学ぶ。また周りへの興味・関心が広がり，自分の意志を相手に示し，決定できるという自己決定の感覚を育てる。自分の意思による自己統制や自己決定を十分に発揮するためには，他者との関係性も重要となる。子どもが不安を感じるときも安心できる関係性があれば，自ら選択し決定し行動することが可能となる。

・**自律性と自我**　お世話されることが主であった生活が，初めて自分でできたときに親や保育者が喜び褒めてくれたとする。子どもにとっては自ら行動し褒めてもらえたと感じられるよい体験となり，自立と自信を獲得する大切な経験となる。この時期の自律性の発達は，親や保育者との何気ない日常生活から自分の意志を相手に示し，決定できるという感覚を育てることに繋がる。このように自立と自信の獲得により自分の意見を主張できるようになる。自分の欲求と行動のバランスをとることができるようになることが，自我のめばえを促すのである。

・**自律性と恥・疑惑**　エリクソン（Erikson, E. H.）は，幼児期前期の課題に自律性の獲得をあげている。その獲得に失敗すると，恥・疑惑という危機に陥る。この時期，自分でやりたいと主張したものの，まだ失敗も多い。その失敗を恥ずかしいと思い，チャレンジを恐れる子もいる。このとき，「まだできないだろう」と大人が判断し，一人でのチャレンジや行動を制限し，過保護的で批判的になると，子どもは「自分はできない，自分はしてはいけない」という感情を強くし，自ら行動を制限し自己評価も低くなる。

・**自律性を伸ばす**　自分でやりたいと思う気持ちを十分に理解し安心して行動できる環境が重要となる。自分でしようとする意思を尊重し，例え失敗しても，子どもの意思決定を尊重し，次にチャレンジしようと思える関係性の構築が大切である。失敗しても大丈夫，やってみようと思える関係性のなかから，自律性が保障され，自我のめばえを確かなものにする。

section 1－3 ア 健　康

事例

1　野菜炒めが苦手なBくん　2歳児クラスの子どもたちは，お散歩から帰ってきておなかがぺこぺこだ。おいしそうなお昼ごはんだが，Bくんはあまりうれしそうでない。野菜炒めが苦手なのである。目の前の野菜炒めは，いっぱい盛り付けてある。「Bくん，野菜炒めどのくらい食べられる？」と優しい保育者の声。「これくらい？」「うん」と半分にしてくれた。やっぱり，なかなか手が伸びない。そのとき「Bくん，先生と一緒に「せーの！」で食べようか？」と優しい声。「せーの，あーん」と苦手な野菜を一部食べた。もう1回，あと1回，とやっているうちに完食した。

2　ちーいく　「トイレ行く？」と声をかけてもすぐに逃げてしまうYくん。2歳になった5月のある日，お昼寝から起きたときおむつが濡れていなかったので，「トイレ行こうか？」と手をさし出すとめずらしく手をつないでくれた。ズボンを脱ぐのを手伝っているとYくんは「ちっち」とトイレを指さした。「おすわりしてみようか」というと，はじめて便器でおしっこができた。みんなで「すごいね，Yくん」といってほめると，それから「ちーいく」「ちーいく」といって，トイレに行きたがるようになった。

3　パジャママン　3歳児のPくんは，今日から新しいパジャマになったのではりきっていた。大好きなトーマスの絵が胸に描いてあるのだ。いよいよパジャマにお着替えする時間になった。一人で頑張って着たパジャマは前後が反対だったので，トーマスが見えなかった。Pくんはトーマスがないと大騒ぎ。「この向きで着るとトーマスが見えるんだよ」とトーマスの描いてない方を上にして置いた。でも次の日またトーマスを上に向けて着たので，やっぱり見えなくなった。何日かたった頃，見るとトーマスが前になっていた。

♣　考えてみよう

1. 自律性と恥・疑惑について，具体例をあげてみよう。

2. 次の事例からトイレトレーニングには何が必要か考えてみよう。
　もうすぐ4歳になるⅠちゃんは，トイレトレーニングがすすまず，保護者も保育者もどうすればよいか何度も相談した。しかし，トイレでは「でない」と言い張り，紙おむつだと安心して排泄することが続いた。ついに，お昼寝起きにトイレに座り「でない！！」と泣いたとき，はずみで初めて排尿した。それ以降トイレでできるようになった。

〈参考文献〉　＊　＊　＊　＊　＊　＊
内田伸子：「発達心理学」p.99～102（国立印刷局）

2章　1歳以上3歳未満児の保育に関わるねらい及び内容

section 2-1　**イ　人間関係**

指針：内容(イ)

〈該当番号〉
① 保育士等や周囲の子ども等との安定した関係の中で，共に過ごす心地よさを感じる。

A　内的作業モデル

　子どもは乳児期から，特定の相手との安定した関係のなかで，愛着関係を形成していく。その過程で，相手の情緒的な状態や，自分に対する関わり方の質，さらには自分の反応が相手にどのような影響を与え，そこからどのようなことが起きるかといったことを繰り返し体験する。その体験は，人との関わり方の表象（イメージ）化されたモデルとして，子どものなかに内在化されていく。この内在化されたモデルのことを内的作業モデルという。

〰**1歳から3歳にかけての愛着**　愛着の重要性を提唱したボウルビィ（Bowlby）は，愛着の形成過程を4つの段階で説明している。1歳以上3歳未満の子どもは，おおむね第三段階（生後6か月頃から2〜3歳頃の特定の人物に対する愛着形成が明確になる段階）と第四段階（2歳半から3歳以降で，特定の人物の意図が理解でき，それに応じて自分の行動目標の修正ができるようになる段階）に相当する。

〰**2〜3歳以降の愛着**　特定の人物との間に愛着が形成されているのが誰の目にも明らかになるのは第三段階になってからであるが，この時期の子どもは，まだ愛着の対象となる人物と直接接触しているとか，その人物の姿が実際に自分の視界にいないと安心できない。しかし第四段階になると，その人物を表象として頭のなかで思い浮かべることができるようになり，その人の意図も理解できるようになる。そのため，愛着の対象が自分のそばにいなくても，その人を思い出すことで心の安定を図ることができるようになる。

〰**内的作業モデルの例**　5歳ぐらいまでに人との関係性のモデルが内在化された形で成立し，そのモデルはその後の人生における人間関係の基本的なパターンとなると考えられている。例えば，養育者との関係性が温かく心地よいものであるというモデルを構築した子どもは，人間一般に対して信頼感を基盤とした関わりをもつようになるだろう。反対に，不安や不信感を伴うような関わりのモデルを構築した場合は，相手を信頼しきれずに安定した関わりをもちにくくなる可能性がある。

〰**内的作業モデルと保育者**　子どもにとって愛着の対象となる人物は1人には限らないことがわかっている。特に乳児期から保育所に通う子どもにとって，保育者は大切な愛着対象である。保育者との安定した人間関係は内在化され，内的作業モデルとして，その後の子どもの人間関係のもち方の基盤となるのである。

> **1 後追い**　9か月になるRくんは，生理的なリズムが規則的で機嫌がよく，育てやすいタイプである。活発に「はいはい」し，みんなに笑顔をふりまいて人気者だ。ところが，これはみんな母親がいればの話で，最近母親の姿が見えないと泣いて探し，姿を見つけるとべそをかきながら必死に「はいはい」で追いかけていく。後追いがはじまったので，お母さんは「うれしいけれど，とても大変になってきた」という。Rくんが1歳になり，母親は仕事に復帰した。この後追いはどうなったかと尋ねると，別れ際に少し泣くが，保育園ではとてもご機嫌に遊んでいるとのこと。しかし，家ではトイレに行く母親の後を追いかけて泣いている。
>
> **2 登園を渋るXちゃん**　幼稚園の年少組に入園した3歳の女児Xちゃんは，幼稚園が大好きで毎日お友だちと楽しく通っていた。給食がはじまった次の日から登園を渋るようになった。母親は一日が長くなったから何か園で嫌なことがあったのではないかと心配しいろいろ聞いてみるが，「楽しい」「先生は優しい」「給食はおいしい」という。
> ではなぜなのか？Xちゃんは泣きながら，「幼稚園でお昼ごはん食べたら幼稚園の子になってしまう！お母さんの子じゃなくなってしまう！」といったそうだ。Xちゃんは食べることが大好きなので，お母さんとお家で食べたかったのかもしれないし，園にいる時間が少し長くなっただけなのにXちゃんにはとても長く感じられて不安になったのかもしれない。Xちゃんは小さい時から言葉が早かったので，こんなふうに説明をしてくれた。3歳児の心理は複雑だ。
>
> **3 大事なもの**　幼稚園の年中組のYちゃんは児童養護施設にいる。虐待を受けて心に傷を負ったYちゃんは，職員にも心を開かない。そんなYちゃんに実習生が「Yちゃんの大事なものって何？」と聞いたら，1枚のはがきを持ってきた。そこには「ママはYちゃんが世界で一番好きだよ。早く会える日を楽しみにしてるよ」と書かれていた。妹は母と暮らしており，自分は施設にいる辛い状況でも，母親に対する気持ちは「大好きな母親」なのだ。

♣ 考えてみよう

1. 内的作業モデルが重要だとされている理由をまとめてみよう。

2. 次の事例を読んで，Kくんはどんな養育環境で育ったのか考えてみよう（かわいがられて育ったのか否かなど）。
　　もうすぐ3歳になるKくんは，3人きょうだいの末っ子で，いつも朝は「もっと○○したかった〜！」と駄々をこねながら保育園にくる。ところが0歳の赤ちゃんが園にくるようになり様子が変わった。泣いて登園することがなくなり，赤ちゃんに優しく話しかけたり，玩具を「はい」と持ってきてくれる。「ありがとうね，助かるわ」というと，お兄さんのような誇らしげな表情が見えた。

〈参考文献〉　＊　＊　＊　＊　＊　＊

高橋惠子：「人間関係の心理学」，東京大学出版会(2010)

2章　1歳以上3歳未満児の保育に関わるねらい及び内容

section2−2　イ　人間関係

〈該当番号〉
⑥　生活や遊びの中で，年長児や保育士等の真似をしたり，ごっこ遊びを楽しんだりする。

B　模　倣

　真似とは，心理学では「模倣」といい，　観察した他者の行為などを，自ら同じように再現することである。メルツォフとムーアによる新生児模倣の研究により，模倣行動は人間の生得的行動であると考えられた時期もあるが，現在ではその考え方には否定的な意見も多く，結論は出ていない。ただ，人間は他者の身体運動をみて，その場で同じ運動動作が素早くできるなど他の動物にはない高い模倣能力を有していることは事実である。また，子どもは生活の場でも遊びの場でも，自ら積極的に他者を模倣しながら，それまでは自分のレパートリーになかった事柄を身につけている。子どもが新しいことを獲得し，学習を成立させていく際に，模倣は大変有効な手段であることがわかる。

✺モデリング（観察学習）　子どもは，他者の模倣をしてそれを褒められると，その行動をより多く行うようになる。このようにして成立する学習を模倣学習という。一方，大人やアニメのキャラクターが攻撃的な行動をしている映像を子どもに見せ，その後，映像で見たのと同じおもちゃのある部屋で子どもたちがどのような行動をするかを分析したところ，他者の行動を観察しただけなのに，子どもたちの攻撃的な行動の割合が上昇したという，バンデューラ（Bandura, A.）らの有名な実験がある。観察するだけで他者の行動を自分のものにできる（学習が成立する）ことをモデリング（観察学習）という。

✺模倣からごっこ遊びへ　ごっこ遊びとは，生活のなかで経験したことを模倣して遊びのなかで再現したり，いろいろな人やものをイメージして，そのものになりきることを楽しむ遊びである。ごっこ遊びは1歳半頃から始まるが，最初は単純な「ふり遊び」である。母親や父親，保育者，ときには動物の行動を観察し，同じような動作をして対象になったふりをする。そのころ，石をお団子に見立てるなどの見立て遊びもはじまり，2歳後半頃になると，生活のなかで見聞きしたすべての対象になりきることが可能になり，子ども同士で役割分担やストーリー構成を考えながらの協同遊び的なごっこ遊びが展開されるようになる。

✺よく模倣されるのは誰か　子どもは，親や保育者，友だちの言動をよく模倣するが，子どもにとって影響力の大きな人や情緒的なつながりが強い人，子どもから見て類似性のある相手の模倣が生じやすいとされている。一方，子どもは自分の行動が親や保育者，友達から模倣されるという経験もする。1歳前半頃から「自分が他者から模倣されている」ということがわかるとされているが，真似し，真似される関係が人間関係や遊びをさらに豊かにすると考えることもできる。

section 2-2 イ 人間関係

事 例

1 はーい，タッチ　9か月のRくんはみんなの行動に興味津々。お兄ちゃんのUくんが「Uくーん」と呼ばれると「はーい！」と手をあげるのを見ていたRくん。母親がためしに「Rくーん，はーい」といいながら手をあげてみせると，Rくんも手をあげた。あげた手で「タッチ！」とハイタッチもできた。それからは母親の顔を見ると，手をあげてハイタッチを求めてくる。

2 かんぱーい　保育士が1歳のYくんについて，「今日おままごとのとき，うれしそうに何回もコップで『かんぱーい！』をしていましたよ」とお母さんに報告した。お母さんは「あ，きっと昨日の夜ごはんのとき，お父さんと乾杯をしてたのを見てたからだわ」と納得した。

3 お母さんのしぐさ　2歳のSちゃんのしぐさを見てお母さんはびっくり。なぜなら，Sちゃんはいつもお母さんがテーブルの上のごみを手で集めているしぐさをそっくり真似ていたからだ。

4 なりきり　3歳のBちゃんとMちゃんは大の仲よし。今日もひらひらのかわいいスカーフをもってクルクル回りながら「アナ雪」になりきって踊っていた。

5 手遊びのまね　ことばの遅いOくんのことを心配しているおばあちゃん。第2子の里帰り出産のため，おばあちゃんの家に一緒に来たOくんに，毎日「むすんでひらいて」をやってみせた。するとOくんは初めておばあちゃんを真似て「むすんで　ひらいて」をした。その後，言葉が少しずつ出てきたとお母さんから報告があった。

♣　考えてみよう

1. 模倣学習とモデリング(観察学習)の違いを考えてみよう。

2. 下記の事例を読んで，集団の効果について考えてみよう。
   ① 伝い歩きのEくんは，同月齢のHくんが歩いているのをジーと見つめていたが，急に一人立ちし，一歩を踏み出して歩こうとした。自分の足を不思議そうに見つめていた。
   ② 泣いていたAちゃん(0歳)の頭をLくん(1歳半)が「よしよし」しているのを見ていた11か月のPくん。また髪の毛を引っ張るかと心配したが，今日は「よしよし」してくれた。

〈参考文献〉　＊　＊　＊　＊　＊　＊
日本発達心理学会編：「発達心理学辞典」p.390〜391(2013)
相良順子，村田カズ，大熊光穂，小泉左江子：「保育の心理学」p.108(2012)

section2-3　イ　人間関係

〈該当番号〉
② 保育士等の受容的・応答的な関わりの中で，欲求を適切に満たし，安定感をもって過ごす。

C　有能さの欲求

　欲求が適切な形で満たされることは，子どもの心の安定につながる。遊びたい，お腹がすいた，眠いなど子どもはたくさんの欲求をかかえ，さまざまな形で周囲に訴える。これを保育者が適切に満たしてくれたとき，子どもは単にその結果に満足するだけでなく「自分のはたらきかけが先生を動かした」という自己の有能さを感じる。それは，次も周囲にはたらきかけようという子どもの意欲を強めるはたらきもする。有能感を感じることは快の経験であり，それを求めることが有能さの欲求である。

🌀**自分はできるという感覚**　心理学では，有能さ，有能感を表す用語を，原語のままコンピテンス（competence）と表記することもある。有能さとは，「生体がその環境と効果的に交渉する能力」とされているが，能力そのもののことだけでなく，環境と関わっている際に本人がもつ「自分は環境と効果的に関わり合える力をもっている」とか「自分は環境を変える力をもっている」という，自分の能力に対する信念や自信，確信も含む概念である。

🌀**子どもに有能さを失わせない関わりを**　一方，子どもの欲求は，いつも満たされるとは限らず，思うようにいかないことも少なくない。そのような場合でも，保育者は子どものさまざまな状況に応じた柔軟な反応を心がけたい。

　　例えば，物の取り合いで一方が叩かれて泣いてしまったときなど「これが欲しかったんだね」「貸してっていおうね」「叩くと痛いね」など，子どもが訴えてきたことを共感的に受け入れ，応答的に関わることで，子どもの情緒的な安定を図ると同時に有能さの感覚を低下させないようにすることができる。

🌀**承認欲求と有能感**　人間には「他者に自分を認めてほしい」という承認欲求があるとされる。1歳後半から3歳にかけて，子どもは「自分でやりたい」という気持ちを高め，実際にいろいろなことを自分でやろうとするが，できたときに「すごいね」「よくやったね」などと褒めてもらったことで承認欲求が満たされる。褒め言葉は行動に対する報酬だが，親や保育者など子どもにとって大切な人からの褒め言葉は，次の行動への原動力ともなる。

🌀**達成欲求と有能感**　また，人間には高い目標を達成しようとする達成欲求があるとされる。「自分でやりたい」と一心にがんばっている子どもが，褒められることよりも，自分の力でやり遂げたことに満足感を得る場合である。保育者は，こうした子どもの行動を見守り，がんばったことを認める関わりをすることにより，子どもがより困難なことに挑戦しようとする意欲を育てることができる。

事例

1　せんたく遊び

3歳のJちゃんは，保育園の水遊びのなかでもせんたく遊びが大好きである。ある日のこと，雲行きが怪しくなってきたので，保育士は水遊びの終了を告げた。保育者は，色水遊びをしている子どもや泡づくりをしている子どもたちの中から，遊びの区切りのついた子どもに順に声をかけ，一人ずつ部屋に入れることに成功していた。友だちがお片づけして部屋に入っていくなか，Jちゃんだけがまだ終わらない。「ハンカチぜんぶせんたくする！」「ぜんぶちゃんとしますから」と主張する。保育者は「わかった。待ってるから，頑張って！」といって，その場を離れた。Jちゃんは，一枚ずつ石鹸でゴシゴシ洗ってしぼり，洗濯ばさみでロープに干した。「先生，できた！」Jちゃんは，ロープにはためいている3枚のハンカチを満足げに見ていた。みんなからは遅れて部屋に入ったけれど，先生はちゃんと絵本を読んで待っていてくれた。

2　お外が見たかったんだね

ことばの少しゆっくりな子どもたちのための「親子で遊ぶ会」でのできごとである。自由遊びが終わり，お片づけがはじまるとGくんは大好きなボールを放そうとせず，母親が「もうおしまいだからお片づけして」といっても大泣き。みんなが片づけているのを見て母親は「お片づけしないとだめでしょ！」とボールをとりあげた。Gくんはキーッと奇声を上げて，部屋から外に出ようとした。母親は「そっちに行かないよ」と連れ戻した。その後，みんなで輪になって手遊びやふれあい遊びがはじまったが，Gくんは輪に入らず走り回り，窓のほうに行って外を見ていた。母親は「ほら，みんなやってるよ」と引き戻そうとしたが，母親のほうには行こうとしなかった。

見かねた保育者がGくんのそばにいき「何見てるの？あ，くるまだ。」「Gくんはお外がみたかったんだね」としばらく一緒に見ていた。「Gくん，お遊びがはじまったよ。いこうか」というと，すんなり保育者について行った。

♣ 考えてみよう

1. 有能感を育てるために必要なことは何だろうか。

2. 保育者が心がけていることは，否定的な言葉を使わないで肯定的な言葉を使うことである。では，次のような場面では何というだろうか。
   ①　お友だちのおもちゃ取っちゃダメでしょ。
   ②　お片づけしないと，紙芝居見られないよ。

〈参考文献〉　＊　＊　＊　＊　＊　＊

岡本夏木，清水御代明，村井潤一監修：「発達心理学辞典」p.225，ミネルヴァ書房（1995）

section 3-1　ウ　環　境

指針：内容（イ）

〈該当番号〉
① 安全で活動しやすい環境での探索活動等を通して，見る，聞く，触れる，嗅ぐ，味わうなどの感覚の働きを豊かにする。
⑥ 近隣の生活や季節の行事などに興味や関心をもつ。

A　好奇心

探索活動とは，見慣れぬ状況や新奇な刺激に対して，近づいて情報を得ようとする行動である。子どもは，視覚，聴覚，触覚，嗅覚，味覚をフルにはたらかせて対象の情報を集め，それが何であるかを認識しようとする。そうした活動を動機づけているのが「好奇心」である。好奇心とは，おもしろいと思うことを探求する欲求であり，人は生まれながらに備わっている。興味や関心は，好奇心とほぼ同義であり，人は，好奇心によって，探索活動を起こし，その結果，おもしろさや楽しさを得ることによって，満たされる（図ウ-1）。

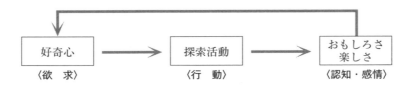

図ウ-1　探索活動の心理過程

📖**好奇心のタイプ**　好奇心には，拡散的好奇心と特殊的好奇心の2タイプがある。拡散的好奇心とは，知らないことや新しいもの，めずらしいものを幅広く知ろうとする好奇心である。一方，特殊的好奇心とは，自分が興味をもっていることをもっと深く知ろうとする好奇心である。

拡散的好奇心は興味の範囲を広げ，知識をバランスのとれたものにすることに，また特殊的好奇心は興味を深め，知識をより首尾一貫したものにすることに対して，それぞれ重要なはたらきをする。

📖**好奇心と新奇性の程度**　対象の新奇性が強すぎると，好奇心ではなく，不安や恐怖が引き起こされ，子どもは対象を回避しようとする。逆に，新奇性が弱すぎると，退屈が生じ，やはり同様に子どもは対象には接近しない。ほどほどの程度の新奇性が好奇心をかき立てることが知られており，その「ほどほど」を見きわめることが大切である。

📖**好奇心の個人差**　同じ対象であっても，好奇心を引き起こす子どもとそうでない子どもがいる。また，拡散的好奇心がより強い子ども，特殊的好奇心がより強い子どももいる。こうした一人ひとりの好奇心の在り方にも目を向け，環境を設定することが重要である。

section3－1　ウ　環　境

事例

1　7か月のKくん
あまり人見知りをしないKくんだが，知らない人がいると気になって仕方がない様子。抱っこしていても，何度も知らない人のほうを振り返って見ては，足や手を動かして少しもじっとしていない。足が何かに当たると蹴る，テーブルなどに当たっても蹴る，を繰り返している。また，目の前にある物には何でも手を伸ばして触ろうとする。小さいみかんが魅力的らしく，一生懸命つかもうとするが，転がってしまう。かろうじてつかめたらすぐに口に持っていく。まだ食べるのは早いので，みかんの代わりに同じオレンジ色の「柿の種」の小袋を置いてみたところ，早速手を伸ばしてつかむ。カシャカシャといい音がするので，すっかり気に入って何度も振っている。テーブルにぶつけるように振るので，中身は粉々になってしまった。

2　カラーボールと段ボール
1〜2歳児が数人遊んでいるところに，4色のカラーボールをたくさんばらまいたら，大喜びでさっそく投げている。そこで丁度ボールの大きさ位の穴が4つあいた段ボール箱を真ん中に置いてみた。ボールを片手に近寄ってきた子どもは，穴を見ると持っていたボールをポトンと入れる。パッと目が輝き，もう一つボールを拾ってきてポトン。見ていたほかの子どももボールを穴に入れた。全員が夢中になって穴にボールを入れている。とうとうボールがなくなってしまった。そこで段ボール箱を持ち上げてみると，一斉にボールが出てきたので「わーっ」と歓声が上がった。
　　要領がわかった子どもたちは，今度は慣れた様子で穴にボールを入れている。時々穴の中をのぞく子どもや，段ボール箱を持ち上げようとする子どももいる。2歳の子どものなかには，穴に4色の色がついているのに気がついて，同じ色の球を入れようとする子どもも出てくる。これを何回か繰り返し，全部ボールが入ったところでおしまいにした。

♣　考えてみよう

1. 拡散的好奇心と特殊的好奇心の具体例をあげてみよう。

2. 次の場面について，好奇心の観点から，0歳児・1〜2歳児・3歳以上の子どもの行動を説明しなさい。
　　年齢がさまざまな縦割り保育でのできごと。突然窓ふきのお兄さんがゴンドラに乗ってビルの窓ふきを始めた。ゴンドラがゆらゆらと左右に揺れるのを，0歳児はじっと目がくぎづけになって見ている。3歳以上の子どもたちは，「わーっ，すごい！」と歓声を上げて近寄って興味津々で見ている。ところが1〜2歳児の子どもたちだけは，後ずさりをして顔が引きつっているようだ。保育者の陰に隠れてしがみついている子もいる。

〈参考文献〉　＊　＊　＊　＊　＊　＊
梅津八三，相良守次，宮城音弥，依田新監修：「新版　心理学事典」p.227〜228，平凡社(1981)

section 3−2　ウ　環　境

〈該当番号〉
③　身の回りの物に触れる中で，形，色，大きさ，量などの物の性質や仕組みに気付く。

B　カテゴリー化

　幼児には，身の回りの物を形，色，大きさなどの見かけから「仲間」にしようとする姿が見られる。例えば，同じ色の積み木だけを集めたり，自動車のおもちゃを大きいものと小さいものに仕分けしたりする。このように複数の異なる対象物の間に何らかの共通性を見つけて，同じものとしてまとまり（カテゴリー）に分類する認知のはたらきをカテゴリー化という。人はこのカテゴリー化によって，身の回りの無数の物をカテゴリーに分類し，概念や知識として整理する。また，初めて見るものでも，その特徴をカテゴリーに照らすことによって，何であるかを理解することができる。

🔾**特徴抽出**　カテゴリー化は，対象物の中心的な特徴を抽出する能力に支えられている。乳幼児期は，形，模様，色といった視覚的な特徴に注目し，その類似性によってカテゴリー化を行う。生後3〜5か月の乳児が，対象物を色や形でカテゴリー化して知覚していることが示されている。また，3歳頃までは，対象物の色や模様の特徴よりも，形の特徴に注目し，カテゴリー化しやすいという。

🔾**カテゴリーの水準**　カテゴリーは，3つの水準からなる階層構造をもつ。1番上が上位水準（例：動物，植物），その下が基本水準（例：イヌ，ネコ），さらにその下が下位水準（例：レトリバー，シェパード）という。このうち，基本水準が最も重要とされ，相互の区別が容易といった特徴がある。例えば，イヌとネコの区別は容易だが，シャムネコとアメリカンショートヘアの違いをいうことは難しい。しかし，知覚的類似性が強い場合，1〜3歳児では，基本水準のカテゴリー相互の区別ができなくなる場合がある。

🔾**言語とカテゴリー化**　言語には，感覚や知覚に基づく具体的な体験を抽象化する機能がある。そのため，言語とカテゴリー化は密接に関係している。1〜3歳児の場合，はじめて見るものが新しい語で命名されると，形状が類似したものにも，その名前を広く使用することが知られている。このように，新しい語が，知覚的特徴によって形成されたカテゴリーへ容易に対応づけられることを形状類似バイアスという。ある語が何を指し示すかは無数の可能性があるが，この形状類似バイアスによって，語の意味が「制約」される。その結果，幼児の語彙獲得が急速に進むのである。

🔾**知覚的類似性の影響**　以上のように，1〜3歳児の身の回りのものの理解においては，対象物同士の知覚的類似性の影響が大きい。形，色，大きさ，量などの「違い」の気づきだけでなく，「同じ」という気づきが，子どもの知識や言葉の発達を促しているのである。

section3−2 ウ 環　境

事例

1　ワンワン　　Fくんは1歳を過ぎて，少しずつ言葉を言いはじめた。「バイバイ」といって手をふったり，物を落として「あーあ」といったり，盛んに指さしをして「あっ，あっ」と訴える。「ママは？」と聞くとママを指さして，「ママ」という。母親に「言葉が出てきて楽しくなりましたね」というと，「でも，イヌもネコも動物は，みんなワンワンなんですよ」と残念そうにいった。

2　おんなじ！　　Mちゃん(1歳半)の家に，お友だちのSくんが両親と一緒に遊びにきた。その日，Sくんとパパはペアルック，つまりおそろいの色のアラン模様のセーターを着ていた。それを見て，Mちゃんは「おんなじ！」とうれしそうに指さしていっていた。

3　パズルが大好き　　2歳のGくんはパズルが大好き。今日も木製のどうぶつのパズルを楽しそうにやっている。つまみをもって，ぞうさんのところにもって行き，くるくる回してはめて満足気だ。最近は立体パズルも好きで，○や△や□はすぐに見つけてポトンと入れる。楕円や八角形，台形やひし形，数の違う星形など難しいものがあり，似ているところに無理やり入れようとしていることもある。ダメならほかのところを探して，何とか全部入れ終わると「できた！」と見せにきた。

♣　考えてみよう

1. カテゴリー化とは何か，具体例をあげて説明してみよう。

2. 次のような行動が見られるのは，なぜだと思うか，考えてみよう。
   ① 3歳児の発達検査で，大きい●と小さい●が書かれたカードを見せて「どっちが大きい？」と聞くと，Eくんは3回のうち2回間違えた。すると見ていたEくんの母親が「おやつは必ず大きいほうをとるのに，なぜ間違えるのでしょうか？」と質問してきた。どのように説明すればよいか。
   ② 図鑑を見ながら「これなあに？」と聞くと，「ふね」ではなく「しろ」と答える子どもがいる。これはどうしてだろう。

〈参考文献〉　＊　＊　＊　＊　＊　＊

箱田裕司，都築誉史，川畑英明，荻原滋：「認知心理学」，有斐閣(2010)
加藤義信編：「資料でわかる　認知発達心理学入門」p.12〜27，ひとなる書房(2008)
坂田陽子，口ノ町康夫：「対象物の形，模様，色特徴抽出能力の生涯発達的変化」，発達心理学研究，第25巻，第2号，p.133-141(2014)

section3-3　ウ　環　境

〈該当番号〉
② 玩具，絵本，遊具などに興味をもち，それらを使った遊びを楽しむ。

C　アフォーダンス

　乳幼児は，なぜ，玩具，絵本，遊具といった身の回りのものを使えるようになるのだろうか。この問いに対する一つの解答として，「アフォーダンス」(affordance)という考え方がある。ギブソン(Gibson, J.J.)が，英語のアフォード(afford：与える，提供する)から造語したもので，「環境が動物に与え，提供している意味や価値」という意味である。例えば，幼児がボールを投げるのは，ボール自体に「投げる」というアフォーダンスがあり，幼児がそれを発見し，「投げられる」と知覚するからである。人の行為は，アフォーダンスを利用することによって可能になる。アフォーダンスとは，「環境の中に実在する行為の資源」でもある。

◎ **ギブソンの独自の理論**　伝統的な知覚のモデル(図ウ-1のa)では，環境からの刺激は，感覚受容器に入力され，中枢(脳)で意味がつくられる。ギブソンは，このモデルを間接知覚説とよび，否定した。彼は，そもそも意味は環境の中にあり，そのまま利用されるという直接知覚説(図ウ-1のb)を提起した。この環境の中にある意味こそがアフォーダンスである。

図ウ-1　知覚のモデル

◎ **アフォーダンスを探るシステム**　アフォーダンスを発見するためには，それを特定する情報をピックアップする必要がある。ギブソンは，そのための身体組織を「知覚システム」とよんだ。知覚システムには，基礎的定位システム，視覚システム，聴覚システム，味覚と嗅覚システム，接触システム，の5つがあるが，各システムが獲得する情報は等価とされる。例えば，物を見なくても，触ったり，振ったり，押したり，たたいたりすることによって，「長さ」や「かたち」といった性質を知覚できる。こうした手の動きは，とくに「ダイナミック・タッチ」ともよばれ，乳幼児期の知覚においては重要なはたらきをする。

◎ **付着物と遊離物**　ギブソンは物を，建築物，樹木，戸棚，ベッドなど，地面から切り離せない「付着物」と，石ころ，玩具，食器，衣服など，地面から切り離せる「遊離物」の2種類に分けた。このうち，遊離物の位置を変えることは，化粧，料理，掃除，インテリアデザイン，園芸，建築など，人の行っている活動の基本とされる。幼児が，ブロック遊びに熱中するのも，配置換えというアフォーダンスによる。幼児は無数の遊離物に囲まれて生活し，アフォーダンスを日々発見しているのである。

section3-3　ウ　環　境

事例

1　自然の中のアフォーダンス　　トコトコと歩いていた1歳後半の男児は，石を見つけると拾い上げてしばらく握って歩いていた。次に長い木の枝を見つけて，ひっぱって歩いた。遠くに石の階段を見つけると，駆けて行ってよいしょと手をついて一段登った。おばあちゃんがあわててやってきて手をつないで次の段に足をかけたとき，男児は石の階段のすき間を見つけて指を突っ込んでいた。階段の上に，水がちょろちょろ流れているところがあり，男児はうれしそうに靴のまま入り，手を水に入れて満面の笑みであった。おばあちゃんは「あーあ！」とあきらめ顔をした。

2　プリン山　　ある公園にみんなが「プリン山」とよぶ，子どもたちに人気の山がある。黄色や茶色の色が塗ってあるわけでもないし，階段やひもがあるわけでもなく，山頂には数人の子どもが立っていられるほどの平らなスペースがあるだけである。だが，小さい子どもから大きい子どもまでみんな夢中になって登ろうとする。2歳，4歳，5歳の3人きょうだいも夢中だ。兄と姉について末っ子も頑張って登ろうとする。いつか登れる日を信じて走って駆け上るを繰り返していた。

3　ブロックの電車　　保育園に朝早くやってくるJくんは，30分間ほど縦割り保育で過ごす。Jくん(1歳半)は，ブロックの凸と凹をくっつけて「できた！」と手をたたいていた。ある日年上の子どもたちが作っている長い電車に気がついた。Jくんはもう1個，あと1個とくっつけると長くなることがうれしくて，毎日毎日ブロックをつないだ。今度はお兄さんたちの電車が2階建てであることに気がついて，憧れの目で見ていた。2階建てにするには交互に組み合わせなければならないので，ちょっと難しい。一度だけ作ってあげたら，しばらくして一人で作れるようになっていた。

♣　考えてみよう

1. アフォーダンスとは何か。具体例をあげて説明してみよう。

2. 子どもは次のようなものを見つけたとき，どのようなアフォーダンスを発見する（どのような行動をして遊ぶ）だろうか？3つずつあげてみよう。
   ① 赤いプラスチックの大きさの異なるコップを3個見つけたとき。
   ② 黄色いイチョウの落ち葉をたくさん見つけたとき。

〈参考文献〉　＊　＊　＊　＊　＊　＊

海保博之，楠見孝監修：「心理学総合事典」p.702〜708，朝倉書店(2006).
佐々木正人：「新版　アフォーダンス」，岩波書店(2015).

2章　1歳以上3歳未満児の保育に関わるねらい及び内容

section4-1　エ　言　葉

指針：内容（イ）

〈該当番号〉
② 生活に必要な簡単な言葉に気付き，聞き分ける。
③ 親しみをもって日常の挨拶に応じる。

A　言語化

　この時期の子どもは，簡単な言葉に気づき，聞き分け，挨拶もできるようになる。しかし，喜んだり，悲しんだり，怒ったり，驚いたりするなどの感情は，あえて言葉にするよりは，表情やしぐさ，声の調子のほうが相手によく伝わる。言葉を使ったやりとりをバーバル・コミュニケーションといい，言葉以外でやりとりすることをノンバーバル・コミュニケーションという。人は生まれたときから言葉を話せるわけではない。しかし，赤ちゃんでも親や保育者とうまくコミュニケーションは成立させている。それはもちろんノンバーバルなものである。

ノンバーバル・コミュニケーションの強さ　感情を伝えるとき，そのインパクトは，言葉が7%，声が38%，顔が55%であるとした，やや古典的な研究がある（マレービアン，1986）。かなり単純な捉え方ではある。しかし，言葉が1割にも満たない一方で，表情は5割を超えている。なぜ表情はこのように圧倒的なのだろうか。われわれの顔の皮膚の下には，目や口などを動かすために，数十種類の筋肉がある。そのため，その筋肉を用いて，さまざまな表情を作ることができるのである。また，人間の顔面にはあまり体毛が生えていない。そのおかげで，表情を相手にはっきりと伝えることができるのである。コミュニケーションにおいて，表情が特に力をもつのは，それなりの理由があるのである。

バーバル・コミュニケーションは不要か　「表情」とは，心の中にあって外から見えない感情が，顔に表れたものである。表情を代表格とするノンバーバル・コミュニケーションが優勢ならば，バーバル・コミュニケーションは必要ではないのだろうか。もちろん，そうではない。われわれのコミュニケーションは「感情」のやりとりだけではなく，「情報」のやりとりも大きなウエイトを占めているからである。道順を尋ねられたら，表情で説明することは難しい。このように，表情は情報のやりとりに不向きである。バーバル・コミュニケーションも不可欠である。

幼児期のコミュニケーション　乳幼児期の言葉は不十分である。ノンバーバル・コミュニケーションに頼らざるを得ない。しかし，発達が進めば，感情のやりとりだけでは済まなくなる。子どもはものの名前を知りたくなるし，身の回りで起きることの理由や原因も尋ねたくなる。バーバル・コミュニケーションの出番である。幼児期には，表情や声の調子やしぐさといったノンバーバルなコミュニケーションに動機づけられて，バーバルなコミュニ

46

ケーションが活性化され，子どもたちは社会性や言語力を高めていくことになる。

　言葉にすること（言語化）ができるようになることで，高度な認識や思考が子どもには可能になるが，言語化ができる以前の豊かな感情コミュニケーション体験は軽視してはならない。

事 例

1　とったよー，見て！　　9か月になったKくんのお気に入りはテレビのリモコン。だいぶ上手になってきた「はいはい」で遠くにあるリモコンのところまでたどり着き，手に入れたリモコンをつかんで母親の方に向いて差し出す。「とったよ，見て！というように私に見せるのよ。『すごいねー』といって手をたたくの」とうれしそうに話していた。

2　ニャンニャン　　1歳3か月のSちゃんがじっと見ている先には1匹のねこが歩いていた。「ニャンニャンいたね」というと，Sちゃんは「ニャンニャン」と小さな声でいった。ねこが行ってしまうのを見ながら名残惜しそうに指さしていた。翌日「ニャンニャンいるかなあ」というと，同じ場所にやってきたSちゃんは，指さしながら「ニャンニャン」といった。ものと名前が一致した瞬間である。

3　タッチ　　ちょっと言葉がゆっくりな2歳のMくん。手をつなぐのが嫌いで，外ではパーッと走って行ってしまうので母親は追いかけるのが大変だという。一人遊びが多く，ドアの開け閉めやスマートフォンの映像には熱中するが，気持ちの切り替えが下手で，母親が呼びかけても振り向いてくれないことも多い。そんな母親が「Mとの一番のコミュニケーションがタッチなんです。」とうれしそうにいう。何かができたとき，バイバイをするとき，コミュニケーションをとりたいとき，お母さんが「Mちゃん，タッチ！」というとMくんはうれしそうにやってきてタッチする。

♣　　考えてみよう

1.　バーバル・コミュニケーションと比較しながら，ノンバーバル・コミュニケーションの特徴をいくつかあげてみよう。

2.　下記の事例を読んで，このような場合どのように対応をするのがよいか，考えてみよう。

　　1歳児A，B，Cの3人がいる。AとBがままごとで遊んでいると，Cがその間に入ってきて，Aの洋服やBの頭にさわっている。しかし，AもBもCにはかまわずにままごとに夢中になっている。ついにCは2人の間に寝転んで「わー！」といいながら手足をバタバタさせはじめた。AとBは怒って「やー！」「あー！」といってCをたたこうとした。

〈参考文献〉　　＊　　＊　　＊　　＊　　＊　　＊

Mehrabian, A.「Silent Messages」西田司，津田幸男，岡村輝人，山口常夫（共訳）：「非言語コミュニケーション」p.93〜116，聖文社（1986）

2章　1歳以上3歳未満児の保育に関わるねらい及び内容

section 4-2　エ　言　葉

〈該当番号〉
④　絵本や紙芝居を楽しみ，簡単な言葉を繰り返したり，模倣をしたりして遊ぶ。
⑤　保育士等とごっこ遊びをする中で，言葉のやり取りを楽しむ。

B　発　話

　子どもの周囲で交わされる言葉は意外と限られたものである。絵本や紙芝居を読んでもらうことで，子どもは楽しみながらそこに出てくる新しい言葉を模倣したりする。また，保育者をはじめとする大人たちとのごっこ遊びはもちろん楽しいものであるが，ごっこ遊びの内容に応じて出てくる新しい言葉のやりとりは，子どもの言葉を増やすことにつながる。

♪一語文　子どもは周囲から聞こえてくる言語音を模倣することで話せるようになるのだろうか。あるいは，子どもには生まれつき言葉を身に付ける力（装置）があるのだろうか。ともあれ，子どもが豊かに言葉を使用していくためには，豊富な言語体験の場が必要であることは間違いない。多くの子どもは1歳前後にはじめて言葉らしき音声を使いだす。それはたった一語を発声するだけであるが，子どもの様子を見ていれば，その文脈から，何を言いたいのかをだいたい理解することができる。そこで，それを一語文とよぶのだが，一語とは単語のことであるので，正確には一語発話である。その一語で子どもは何を言いたいのかは，子どもの生活や遊びの流れを大人がよく把握していなければならない。なお，この頃の子どもは，例えば，甘くておいしいアイスクリームを「アイ」とよぶようになると，アイスクリーム以外の甘くて美味しいものも「アイ」というようになる。こうした汎用もある一方，自宅の自動車を「ブー」とよぶようになると，それ以外の自動車を「ブー」とはよばない限定的な用法も見られる。

♪二語文，多語文　一語文の時期を過ぎると，二語文の時期に入る。ただし，その発達は「一語＋一語＝二語文」という単純なものではない。一語文の一語とはいってみれば，「点」であるので，その点を通る線はたくさんある。つまり，一つの単語がいろいろな意味をもってしまう。しかし，二語文になると，例えば「ブー，ない」など，自動車が家の車庫にないことを伝えられる。二点を通る線は一本になるのと同じで，明確なメッセージを相手に伝えることができるようになる。象徴機能の発達，すなわち，あるもので別のものを表す心のはたらきのはじまりによって，子どもたちは，見立て遊びやふり遊び，ごっこ遊びなどができるようになる。すると，子どもたちは，他の人になりきるなど，他者の役割を取得して，他者の視点が持てるようになる。それは，他者の観点からの言葉の世界を意識することであるので，保育者や友だちとのそうした遊びのなかで，たくさんの新しい語彙や言い回しを覚えて，子どもの言語世界は次第に豊かなものになっていく。

事例

1　どてっ！　保育園の1歳児クラス。大好きな絵本「だるまさんが」を読んでいるとき，保育者が「どてっ」というと「どてっ！」といってみんな絵本の中のだるまさんのように一斉に転ぶ真似をする。「びろーん」というと「びろーん！」といって一斉に立ち上がって「のび」をする。同じ言葉を真似することのうえに，さらに動作の真似が加わり，絵本の世界への共感がさらに深まっているようだ。

2　まっしろ！　2歳児のNくんは，泡づくりの真っ最中。ゴシゴシしていると手の上には白い泡の大きな山ができていた。そばを通りかかった保育者が，「あらー，真っ白ね！」といったら，Nくんはその言葉が気持ちにフィットしたようで，みんなに泡を見せながら「まっしろ！」「まっしろ！」といっていた。真っ白はNくんにとって特別な色になった。

3　中国人の年長さん　まだ日本に来て間もないYくん。1か月間お遊戯会の練習をして，唯一自分のせりふ「だいじょうぶ」はいえるようになり，動きも見よう見まねでできるようになっていた。舞台裏で出番を待っていたときのこと，プログラムを見ながらYくんが数字を指さしながら「いーち」「にー」「さーん」と数えはじめた。周りの子どもは驚いた顔で一緒に数えた。10を過ぎてYくんが間違えると「じゅういちだよ，じゅ，う，い，ち」と丁寧に教える。Yくんも「じゅ，う，い，ち」と繰り返していた。

演技後の歌の場面では，Yくんも突然歌を歌いはじめ，何とか最後まで歌った。みんなも驚きとうれしさから，いつもより大きな声で歌っていた。

♣ 考えてみよう

1. 子どもはどのような言葉を模倣するだろうか。具体例を集めて，その特徴をあげてみよう。

2. 下記の事例を読んで考えてみよう。
　2歳ぐらいの女の子がお父さんと散歩をしていた。突然「もーいーかい！」と女の子がいった。するとお父さんが「まーだだよー！」と返した。また女の子が「もーいーかい！」お父さんは「まーだだよー！」。二人のやりとりは，飽きることなく延々と続いていた。
　もし，何回目かにお父さんが「もーいいよ！」と答えたらどうなったか，想像してみよう。

〈参考文献〉　＊　＊　＊　＊　＊　＊

今井和子：「子どもとことばの世界－実践から捉えた乳幼児のことばと自我の育ち」ミネルヴァ書房（1996）

section 4-3　エ　言　葉

〈該当番号〉
① 保育士等の応答的な関わりや話しかけにより，自ら言葉を使おうとする。
⑥ 保育士等を仲立ちとして，生活や遊びの中で友達との言葉のやり取りを楽しむ。

C　表　象

　子どもがせっかく言葉を発しても，保育士をはじめとする周囲の大人たちが，その子どもに対して応答的に接したり，話しかけたりすることがなければ，子どもの自ら言葉を発する意欲は低下してしまうだろう。また，子どもが言葉のやり取りを楽しむのは，遊びを中心とした生活においてであり，遊びの広がりとともに，友だちとのやり取りが次第に増えてくる。その際，保育士をはじめとする周囲の大人たちは，その言葉のやり取りをとりもつ形の援助をすることになる。

⚲**三項関係へ**　赤ちゃんと母親（保育者）は，見つめ合ったり，笑顔を出し合ったりしながら交流している。この人と人との二項の関係に，「もの」が加わることによって，「自分」と「もの」と「他者」という三項の関係がはじまる。大人が赤ちゃんにボールを渡すと，そのボールを赤ちゃんも返してくる。この単純に見えるもののやり取りにも，感情（愛情）交流が生じているのである。

⚲**指さし行動**　赤ちゃんが1歳に近づき，もうすぐ言葉が出そうになると，指さしをしはじめる。興味深いものを見つけては，喜びや驚きの気持ちをこめて指さしたり，知らないものがあると，それを尋ねるため，指を向けたりする。指さした先にあるものを，赤ちゃんと大人でやり取りしている。「手元のもの」のやり取りから，「手元にないもの」でのやり取りへと進歩したのである。実際の「もの」のやり取りから，指さした先にある「もの」のやり取りへと三項の関係は発展し，いよいよ音声での「言葉」のやり取りがはじまる。

⚲**表　象**　私たちは目の前にないものを思い浮かべ，あれこれと考えることができる。これは心の中に「表象」をもっているからである。表象とは，簡単にいえば，自分をとりまく外界の事物や現象を心の中に表現したもの（イメージなど）である。したがって，もし表象がなかったならば，私たちは見ること，聞くこと，触ることといった知覚のみに頼らざるを得ない。つまり，「いま，ここ」に縛られてしまう。しかし，上に述べたように，「もののやり取り」→「指さし」→「言葉のやり取り」というように，子どもの発達とともに，二者間でやり取りされているものは，実際のもの（外的表象）→指さされた先にあるもの（視覚表象）→言葉（言語的表象）へと，次第に実体性が薄れ，内的で抽象的なものへと変化していく。このようにして，徐々に「今，ここ」から離れ，時間的にも空間的にも広がりのある自由な想像や思考が，子どもに可能になるのである。

事例

1 「これは？」と聞いて

　Tくんはもうすぐ2歳の男児。大好きなのりものの絵本を見ながら「これは？」「これは？」と指さしながら質問する。保育士が「おどりこごうだよ」というとTくんは「おどっこごー」と真似をしていう。毎日のように繰り返されるこの光景、ある日Tくんが「これは？」とよく知っているはずの新幹線を指さす。しつこく「これは？」と聞いてくるので、ふと逆にこちらから「これは？」と聞いてみた。すると大きな声で「しんかんせん！」と得意そうに応えた。それからも、知っているはずの言葉を「これは？」と聞いてくるときには、「これは？」と返すようにしたら、やはり得意そうに答えていた。この時期の子どもの「これは？」には、「これは何というのか？」という場合と、「これは？と聞いて」というクイズの場合があるらしい。一語発話は難しい。

2 おばあちゃんきらい！

　3歳になったばかりのFくんは、いつも保育園に送り迎えをしてくれるおばあちゃんが大好きだ。ある朝、妹が生まれて育児休暇中の母親がFを園まで送ってきた。その日のお迎えのとき、おばあちゃんが「Fが『おばあちゃんきらい』というのです。私はもうショックで……」と悲しそうにつぶやいた。しかし、Fくんの様子からはおばあちゃんを嫌っている様子はみえないので、保育者はこう慰めた。「もしかしたら、Fくんはおばあちゃんが嫌いなのではなく、『おばあちゃんは好き。だけどママの方がもっといっぱい好き』といいたかったのではないでしょうか？」おばあちゃんは、「そうかもしれないですね」とちょっとほほえんだ。そこへFくんが「おばあちゃん、おうちかえる」と甘えてきた。まだ大きい・小さい、好き・嫌いという対立する言葉でしか比較表現ができない3歳児なりの精一杯の言語表現であったのだろう。

♣ 考えてみよう

1. 子どもが生活や遊びの中で、友だちとの言葉のやり取りを楽しむために、保育者をはじめとする周囲の大人たちは、どんな「仲立ち」ができるだろうか。例をいくつかあげてみよう。

2. 次の事例のなかで、子どもはどんな表象（イメージ）を抱いているだろうか。また保育者はことばによる表象をどのように活用しているか、考えてみよう。
　　2歳児クラスが近隣の公園に散歩に行った。帰り道「おなかすいた」とGくんは座り込んでしまった。保育者は「もうすぐ保育園につくよ。きょうのお昼ご飯は何かなぁ。」「そうだ、大好きなカレーだよ。がんばって歩こう」と声をかけた。それを聞いて立ち上がって歩きはじめたGくん。コンビニの前まで来ると、急に立ち止まり「ママがぎゅうにゅうかった」といった。「そうなんだ、ママと一緒に来て、牛乳買ったんだね」と会話しているうちに保育園に着いた。

〈参考文献〉　＊　＊　＊　＊　＊　＊

木下孝司，加用文男，加藤義信編著：「子どもの心的世界のゆらぎと発達―表象発達をめぐる不思議―」，ミネルヴァ書房（2011）

section5－1 **オ　表　現**

指針：内容（イ）

〈該当番号〉
③　生活の中で様々な音，形，色，手触り，動き，味，香りなどに気付いたり，感じたりして楽しむ。

A　感覚モダリティ（知覚様相）

　毎日の生活のなかで，子どもたちは感覚を通して周囲の環境と関わり，さまざまな経験や遊びを楽しんでいる。一体どのようにしてさまざまな刺激を環境のなかから感じとるのだろうか。

　「外界や身体内部の情報を受容する役割を担っているもの，感覚及び知覚システム」を，「感覚モダリティ（知覚様相）」とよび，受容する情報（刺激）の種類によって五感と3種類の感覚がある。つまり，視覚・聴覚・嗅覚・味覚・触覚の五感と，運動感覚・平衡感覚・内臓感覚の3つの感覚である。五感はそれぞれ，視覚は目，聴覚は耳，嗅覚は鼻，味覚は口，触覚は皮膚が受容器になる。触覚は皮膚感覚ともよばれ，温覚・冷覚・圧覚・痛覚や，子どもの好きなくすぐりによる「くすぐったい」という感覚も含まれる。

↺ **よく似た言葉である**　「知覚」は，例えば，トマトを見たとき赤い色や輪郭だけが見えるのではなく，「トマトだ，おいしい」という意識も伴うような統合的な過程であり，「認知」とは，学習や記憶，思考などを含むより複雑な高次の情報処理過程を指すと説明されている。

↺ **感覚から感性へ**　保育所保育指針「保育の目標」には，ア（カ）様々な体験を通して，豊かな感性や表現力を育み，創造性の芽生えを培う　とあり，幼児期の終わりまでに育ってほしい姿にも　コ　豊かな感性と表現　とある。「豊かな感性」を育むことは幼児期の大切な課題とされている。

↺ **感性とは**　日常的に美意識やセンスのよさという意味で使われているが，外界の刺激を直観的に受けとる能力のことであり，「心理学事典」では，「包括的・直観的に行われる心的活動及びその能力。特に，印象評価や創造，表現，論理によらない思考や判断などに関わる認知過程を指す」と説明されている。ギリシア語の美学に通じる，Kansei という日本独自の言葉ともいわれ，生まれつきの能力であるという側面と，文化や社会の影響を強く受けるという側面がある。つまり，感性には学習によって「磨かれる」側面があるといえる。

↺ **感　性**　感性は日々の生活や遊びのなかでいろいろな体験をし，感覚モダリティをフル活動させることによって磨かれるため，保育者や大人はそのような機会と環境を用意することが求められる。それは，旅行などの特別な体験ではなく，むしろ日々身近にある環境のなかで心に響いた体験，感動した記憶がイメージとして，それぞれの子どもの心の中に蓄積されていくことが重要である。モンテッソーリによると，3〜6歳は「感覚の敏感期」であり，非常に敏感になる五感を使って，3歳までに吸収した膨大な印象を整理し洗練する時期であるという。

section 5 - 1　オ　表　現

事　例

1　しずくの動きを楽しむ　2歳のAくんは電車が走るのを見るのが大好きで，金網にくっついて電車が通り過ぎるのを飽きずに眺めている。「がたんごとん」という音と振動がこのうえなく心地よいらしい。

　ある日，Aくんはガラス窓についた雨のしずくが次々にスーッと落ちていくのをみつけた。しばしだまって，しずくの動きを楽しんで眺めていた。

1　くすぐって！　1歳児のDくんがマットの上に寝転がっていた。保育者が「Dくん，おきて遊ぼうよ」とからだをくすぐった。Dくんはまんざらでもない様子で，もっとくすぐってとばかり催促した。何回かくすぐっていると，近くにいたFちゃんやGくんもDくんの隣に並んで寝転がった。「あら，みんなくすぐってほしいの？」と，保育者が順番に「一本橋こちょこちょ」してあげるとみんな大喜びだった。

1　やまぶどうのむらさき色　園庭にやまぶどうがある。Sちゃんが実をとって手でつぶしたら，むらさき色の汁がジュワーッと出てきて，手もむらさき色になり，少し甘い匂いもした。Sちゃんは手を保育者に見せに来た。ティッシュペーパーで拭いてもらったら，ティッシュペーパーがきれいなむらさき色になったので，Sちゃんは大事にポケットにしまって家に持って帰った。

♣　　考えてみよう

1. 音，形，色，手触り，動き，味，香りは，8つの感覚モダリティのうちどれにあたるか。
   またそれぞれについて，1〜2歳児の生活のなかではどんな刺激があるか，具体的にあげてみよう。

　　　例〕　音：ピーポーピーポーという救急車の音

2. モンテッソーリの教具に「ひみつのふくろ」というのがある。2つの袋それぞれに，小さな同じものが入っており，手触りだけで当てるのである。3歳のNちゃんは，これに夢中である。「今日」のひみつの袋には，ビー玉，まつぼっくり，毛糸のぽんぽん，せんたくばさみ，ボタンがはいっていた。片方の袋からまつぼっくりを出したNちゃんは，もう一つの袋に手を入れて探していたが，にっこりしてまつぼっくりを取り出して2つ並べた。5つ全部がペアで並ぶと満足そうだった。もし，この課題を簡単にクリアしてしまったNちゃんのために，もう少し内容を難しくするには，ふくろの中にどのようなものを入れるとよいか，考えてみよう。

〈参考文献〉　　＊　　＊　　＊　　＊　　＊　　＊

藤永保監修：「最新心理学事典」，平凡社（1981）

section5−2　**オ　表　現**

〈該当番号〉

⑤　保育士等からの話や，生活や遊びの中での出来事を通して，イメージを豊かにする。

B　イメージ

　子どもたちは日々の生活や遊びのなかで，五感を通していろいろな体験をしている。心に響いた体験，感動した記憶は，イメージとしてそれぞれの子どものなかに絵のように蓄積されていく。私たちは今ここにいない人や物を思い浮かべたり，経験したことがないことを思い描くことができるが，これは記憶に基づいて感覚や知覚に似た体験をもつことができるからである。これが「心的イメージ」であり，視覚，聴覚，味覚，嗅覚，触覚，運動感覚などあらゆる感覚のイメージが存在する。「心の中の絵」というような表現をされることもある。

見立て遊びとイメージ　1歳から2歳にかけて，語彙数が急速に増えていく時期には子どもの遊びに変化がみられる。飲むふりや食べるふりをしたりする「ふり遊び」や，積み木を車に見立てて「ブーブー」といって走らせるなどの「見立て遊び」がみられるのである。8か月頃から見られるようになる即時模倣（目の前ですぐに真似をする）と違って，時間がたってからモデルが目の前にいない状態での模倣（延滞模倣）がみられるようになる。これは今，目の前にある世界だけではなく，自分自身が体験してきたことや過去に見た他者の行為を，頭の中にイメージを思い描くことができるようになったからである。見立て遊びや延滞模倣が見られることは，象徴機能が発達したためであり，子どもが言葉を獲得するうえで重要な基礎が作られたといえる。つまり，積み木を車に見立てるとき，車についてのイメージがあり，それを積み木（シンボル）で見立てたのである。「くるま」という言葉も同様にシンボルである。

言葉とイメージ　日常の生活のなかでの体験は，一人ひとりの心の中の記憶が基になってイメージを形成するので，固有のファイルである。しかし，イメージは言葉によって共有化される。例えば，ままごと遊びのなかで「かんぱーい」といってコップを合わせる一人の子どもの行為はほかの子どもにも印象づけられ，模倣される。また家やテレビで乾杯のシーンを見ると，「かんぱい」は子どもたちのなかで共通のイメージとして共有される。共有化された言葉とイメージは，絵本や紙芝居を通してさらに豊かに広がっていく。絵本などのよみきかせにより，子どもたちのイメージは無限に広がっていくのである。また，言葉を聞いてイメージをうかべたり，描いたりすることは保育のなかで大きな役割を果たしている。「○○が終わったら，××するよ」ということばにより，次に何をするのかイメージすることができ，見通しがつくからである。

事例

1 みのむしがぶら下がっている　Hくん(2歳児)は，みのむしが木からブラブラぶら下がっているのを興味津々で見ていた。「みのむしだよ」というと「みのむし」といった。次の日公園で鉄棒のところに行ったHくんは，「ぶーら，ぶーら」といって鉄棒にぶら下がった。保育者が「じょうずだね」というと，「みのむしだよ」といっていた。

2 おおかみだぞー　3歳児が何人か集まって段ボールハウスに入っていた。そこにUくんが来て「トントントン，あけておくれ」と高い声でいってドアをノックした。ドアが開くとUくんは「ガオー！おおかみだぞー」といった。みんなは「キャー，おおかみだ，おおかみだ」といって騒いでいた。絵本で読んだ「おおかみと7ひきのこやぎ」のワンシーンを再現して，楽しんでやっていたのだ。このおおかみごっこはしばらく続いた。

3 4つの言語のイメージ　父親の仕事の関係でMくんは2歳のときモロッコに行った。現在4歳になったMくんの言語環境は実に豊かだ。日本語は父母との会話で流暢に話せる。フランス語は幼稚園で使われており，Mくんは理解ができ，少し話せるようになってきた。アラビア語はモロッコの町に行くと耳に入るが理解はできない。英語はアメリカに何回か行ったので挨拶くらいはできる。そのような環境で暮らしているMくんに，「フランス語話してみて？」というと，鼻にかかった発音でジェスチャーをつけて話す。「日本語は？」というと，丁寧にお辞儀をして「ありがとうございます」とお礼をいう。「じゃ英語は？」というと「ヘイ，……」と手を挙げて軽い感じで話す。最後にアラビア語を話すときには，ちょっと乱暴に話しそうだ。それぞれの特徴をうまくとらえていて感心した。

♣ 考えてみよう

1. 即時模倣と延滞模倣の例をあげてみよう。また，見立て遊びやごっこ遊びでは，イメージがどんな役割を果たしているか説明してみよう。

2. 絵本「もこ　もこもこ」は「オノマトペ」とよばれる擬声語や擬態語と色彩豊かな抽象画で乳幼児に人気がある。
　　子どもたちはそれぞれ次の言葉からどんなイメージを描いているか，想像してみよう。
　　「しーん」「もこもこ」「もぐもぐ」「パチン」

〈参考文献〉　＊　＊　＊　＊　＊　＊
藤永保監修：「新版心理学事典」，平凡社(1981)
谷川俊太郎作：「もこ　もこもこ」，文研出版(1977)

section5-3　**オ　表　現**

〈該当番号〉
①水，砂，土，紙，粘土など様々な素材に触れて楽しむ。
②音楽，リズムやそれに合わせた体の動きを楽しむ。
④歌を歌ったり，簡単な手遊びや全身を使う遊びを楽しんだりする。
⑥生活や遊びの中で，興味のあることや経験したことなどを自分なりに表現する。

C　表現欲求

　表現とは，国語辞典では「①あらわすこと，あらわれること（表出）　②内面や主観的なもの
を形のあるものにあらわすこと，またそのあらわれた形」とある。①の「表出」が乳児の泣きの
ように生理的状況や情動が無意識的に表れることをいうのに対し，②は意図や目的をもって表
すことをいう。人は何かを体験して感動すると，その喜びを何かの形で表したくなる。これが
表現欲求であり，人間固有の欲求である。その表現方法としては，からだの動き，歌や楽器，
描画，さまざまな素材による造形などいろいろある。表現は本来一人ひとり個性的なものであ
るが，イメージや言葉などを通して共有することができる。

🔊**音楽リズムと身体表現**　乳幼児は音楽や歌が聞こえると，からだをゆらしたり，リズムを
とったり，手をたたいたりする。これは，音の刺激を全身で感じとって，本来的にもってい
るからだのリズムで反応しているからである。また，新幹線の動きや音に感動した幼児は
「ぴゅーっ」と新幹線になりきって走る。これは子どもが運動機能や感覚機能をフル活動さ
せて，興味がある対象の動きや音の刺激を感じとり，そこに感情の動きが加わって，イメー
ジ化した内面の世界をからだの動きや音声で表現しているのである。さらにはじめは「うさ
ぎ」といえば，みんな同じように手を頭の上に立ててピョンピョンと跳んでいたのが，だん
だん事物の観察から自分なりのイメージをもって表現する創造的な表現へと変化していく。
そのためには毎日の生活において自然や身近な環境と関わるなかで，美しいものや心に残る
ような出来事に出合い，感動し，表現する意欲を満足させることが重要なのである。

🔊**描画による表現**　乳幼児は大人が何か書いていると興味津々で見ていて，すぐに真似をし
て描こうとする。3歳まではなぐり描き期にあたる。「ブー」といって動きで車を表したり，
ピョンピョンと上下に動かしてうさぎを表したりするのは「行為表象」にあたる。また，対
象を形で描き「ぱぱ」「ぞうさん」などと名づけるのは「見立て的描出」という。表現は他者に
受け止めてもらうことによって確かなものになっていくため，表現したくなる気持ちを大事
にして，表現の芽を育てるような保育活動が求められる。保育者は一緒に絵を描いたり，「こ
れなあに？」などと会話したりすることでイメージを共有し，表現欲求を大事に育ててあげ
たい。

section 5 - 3　オ　表　現

事例

1　動物園でわにを見た　1歳児のYくんは音楽遊びが大好きで，毎日元気いっぱい踊っている。特に「うさぎさんピョンピョン」は年上の子どもを真似て跳ぼうとするが，まだ片足ずつしか跳べない。また最近は「とんぼのめがね」がお気に入りで，最後に「ピッ」と片足を後ろにあげて止まるポーズにあこがれて練習中だ。わにさんやぞうさんの歩き方も保育者を見て真似ている。ある日のこと，Yくんのわにさんの歩き方がいつもより両手をパックリ大きく開けて怖そうな表情になった。帰りに保護者に聞いたところ，「昨日動物園に行って初めてわにをじかに見たんですよ」とのことであった。

2　まるにチョンを描く　2歳児のKくんはクレヨンが大好きで，今日も画用紙に絵を描いている。まず赤でグルグルっと描いて「まーる」といった。「まる，じょうずに書けたね」というと，次にピンクのクレヨンで，またまるを描いたが，まるのなかにほんのちょっと何か描かれている。こんどは「まーる」といわないので「これは何？」と聞くと「ママ」といった。「じゃ，パパは？」というと。さっきとそっくりの，まるにチョンを小さく描いた。「Kくんは？」というと，パパの隣にパパより大きくまるにチョンを描いた。最後に，今度は緑色のクレヨンで，同じようにまるにチョンを描いて，「せんせい」といった。

♣　考えてみよう

1. 子どもたちは，水，砂，土，紙，粘土，木の葉などの素材を使って何を表現するだろうか。それぞれ具体例をあげてみよう。

　　例）　木の葉：たくさん舞い上げて，雪または花吹雪

2. 下記の事例を読んで，Ⓐなぜ描こうとしないのか　Ⓑどうすればよかったのか，どのような声かけをすればよいのか，考えてみよう。

① お母さんはBちゃんの2歳のお誕生日にクレヨンをプレゼントした。大きな白い紙を用意しておかあさんはBちゃんの好きなアンパンマンや新幹線を描いてあげた。Bちゃんは大喜びで次々とクレヨンを渡して，「しょうぼうしゃかいて」「ばいきんまんかいて」とリクエストした。お母さんは「Bちゃんも描こうよ」と誘ったが，描こうとしなかった。

② 5歳児のUちゃんは何でもよくできる子どもだ。「運動会で何が楽しかったか話し合う」と「玉入れが楽しかった」などとたくさん話していたが，絵は「描けない」といってどうしても描こうとしなかった。

〈参考文献〉　＊　＊　＊　＊　＊　＊

西久保礼造，土屋かつ子共著：「音楽リズム表現」，ぎょうせい(1982)

村内哲二編著：「造形表現の指導」，建帛社(2009)

section1－1　　**ア　健　　康**

指針：内容（イ）

〈該当番号〉
② 　いろいろな遊びの中で十分に体を動かす。

A　運動学習

　人はいろいろな遊びのなかで十分にからだを動かし運動することにより，簡単な動きから，さらに複雑な動きを可能にする。より複雑な動作を獲得するためには，いくつもの経験による学習の積み重ねが重要となる。この簡単な動きから複雑な動きを可能にする経験を運動学習という。多くの日常行動は，運動学習により獲得される。

☺**運動学習の獲得**　からだを使う遊びが上手になるためには，腕，脚などの粗大運動と運動間の協調が必要となる。また，着脱や食事での動作には，粗大運動と手指などの微細な運動が必要となる。話す行動には視線と音声反応，書く行動には手指，肘など複数の行動を協調的に行う必要がある。例えば，上手にボールをつかみ投げる動作は，からだを支え，肘を曲げた状態で腕を伸ばしボールを手でつかむなどのからだの動きと，ボールを見る行動が必要となる。多くの運動は，このような知覚運動協応（目と手の協応）によって行っている。子どもが朝起きて夜眠るまでの多くの行動は，毎日の生活での経験の積み重ねによる結果である。子どもの日常生活は，このような運動学習の積み重ねの場といえる。

☺**運動学習の上手下手**　食事でのスプーンや箸の使い方，靴や洋服の着脱などの動きから，ボールを蹴る，三輪車に乗るなどさまざまな運動がある。このような運動も学習のしかたが異なると身につく動作の内容も異なり，上手下手といった違いが生まれる。その違いには，いくつかの要因が考えられる。例えば，苦手な鉄棒も，上手にできる友だちの姿を見て，鉄棒の握り方，足の蹴り方のこつを教えてもらい，実際にやってみると前に比べ上手にできるようになる。また，ただ見て学習するだけでなく，このとき，先生や友だちからできたことを認められ褒められることは，少しずつ上手になってきたという感覚が自信につながり，有能感となりさらに運動学習を高める要因となる。

☺**運動学習を高める有能感**　有能感とは環境に対する適応能力といえる。一人で黙々とボールを蹴り練習をするよりも，先生や友だちと「足をこうすると上手く蹴れるよ」「できたね」「もう1回やろう」「楽しいね」などとコミュニケーションしながらの練習は，さらに動機づけを強くし，有能感を高めることに繋がる。親や先生，友だちとのなかで，できなかったことに挑戦しできたことをほめてもらい，満足感や達成感を味わい，さらにその能力を高めることができるようになる。友だちや先生と行う遊びのなかで十分にからだを使い，動かす体験は，その後の社会生活を送るうえでも大切な力となる。

section 1 - 1　ア　健　康

事例

1　教えて！といえない A くん　　ある日，園庭で5歳児のグループがサッカーをしていた。その姿を少し離れた場所から A くん(3歳児)はジーッと見ていた。A くんは真似してボールを蹴ってみるが，まだ上手にボールが蹴られなかった。自分から教えてと言えず一人でボールを手に立っていた。すると近くで遊んでいた5歳児がやってきてボールを上手に蹴って見せてくれた。先生が「お兄ちゃんすごいね。教えてもらおうか？」と A くんに話すと，うれしそうに頷き真似をしながら，何度も繰り返し教えてもらった。次の日，A くんは園庭にでると真っ先に「先生見て，ボール蹴れるよ」と得意そうにゴール目がけて蹴って見せてくれた。

2　転がしドッチでの I くん　　クラスでは転がしドッチが人気です。今日も何人かで遊びはじめた。ボールが I くん(4歳児)の足に当たり，外に出なければいけなかった。でも I くんは出たくなかった。友だちに「当たっただろ，出ないとだめだぞ」と指摘されると「当たってない」と大きな声で言い返し，トラブルになった。ついに I くんは泣いて抜けてしまった。先生が話を聴くと，「いつもすぐに当たるし，ボールが取れない」と泣いて教えてくれた。先生は「上手にボール取れなくて，悲しかったね」と I くんの気持ちを受け止め，友だちを誘いもう一度ゲームを開始した。最初は急いでボールを取ろうとしたり，転がそうとし，失敗していた I くんに先生や友だちが「ゆっくり転がしていいよ」と声を掛けた。そのボールは相手チームに取られはしたものの，目がけた友だちの手元に届き，とてもうれしくなった。2週間ほどすると I くんは，ボールが上手に取れるようになった。

3　3人で作った"砂の街"　　C ちゃんが(5歳児)砂場で山を作り遊んでいた。Y ちゃんがやって来てその山の周りに道路をつくった。さらに，K くんが山に穴を開けトンネルを作ろうとした。でも山は崩れてしまい失敗。それでも3人はつくったり壊れたりするのが楽しくなり，砂の街づくりを続けた。いつの間にか3人は汗と砂で顔や洋服はとても大変になっていた。何度も失敗を繰り返しながら，シャベルやバケツを使い，やっと完成した砂の街に大歓声。先生や友だちから「すごいね」といわれ，とてもうれしそうに作り方を話していた。

♣　考えてみよう

1.　運動学習と有能感について具体例をあげてみよう。

2.　事例 2, 3 について，運動学習を通し，どのような変化が生まれたか説明してみよう。

〈参考文献〉　＊　＊　＊　＊　＊　＊
「最新心理学辞典」p.33〜39，平凡社(2015)
「心理学総合辞典」p.142〜144，朝倉書店(2006)
「スポーツ心理学辞典」p.154〜166，大修館書店(2008)

section 1 - 2　**ア　健　康**

〈該当番号〉
⑤　保育士等や友達と食べることを楽しみ，食べ物への興味や関心をもつ。

B　摂食行動

　保育士や友だちと食べる楽しい食事は食欲を増進させ，心身健康の維持に重要な役割を担っている。この食べるという行動が摂食行動である。人の摂食行動の発達は，乳児期の吸引，飲み込み反射などにはじまり，歯が発達し咀しゃくできるようになり，器具（ストローからスプーンや箸）を使ったものへと広がる。人の栄養摂取の機能には，吸啜機能と摂食機能がある。

ᓂ **吸啜機能**　生まれてから約5か月頃までの子どもは乳首に吸いつき，舌を使い吸い込み栄養を摂る。生まれて間もない期間での摂食行動である。このようにミルクなどを飲むときに必要な機能が吸啜機能であり，探索・吸啜反射とよばれる原始反射によりコントロールされている。

ᓂ **摂食機能**　栄養の摂り方もミルクなどから離乳食に移行し，徐々に固形物摂取へと移行する。その固形食を摂取するために必要な機能が摂食機能である。生後5か月頃になると原始反射の動きが減少するとともに，自らの意思での随意的動きが増える。運動機能の発達により人に食べさせてもらう介助食から始まり，自分一人で食べることが可能となる。移行期での摂食は，スプーンなどの持ち方は未発達であり，食べこぼしも多く介助も必要となる。

ᓂ **幼児期後期の摂食機能**　幼児期後期になると乳歯が生えそろい，摂食機能は発達し大人とほぼ同じものが食べられる。口の中で食物をすりつぶすことや，舌で口の中のどんな場所にも食物を動かすことが可能となる。また，手指の機能も発達し，コップ・スプーンや箸も使えるようになる。幼児期後半は，咀しゃく機能，運動機能の他に，精神機能の発達も大きく，この頃から，偏食やむら食いがみられるようになる。

ᓂ **摂食行動の充実**　摂食行動の充実は心身の発達を促す。同じ量の食物を摂取しても，一人で食べる個食と，保育者や友だちと楽しくおしゃべりしながらの会食では栄養の吸収に違いが生まれる。保育者や友だちと食べることを楽しみにすることは食への意欲を育てる。また食べ物に注意関心を向け，食事が楽しく快いものであるという感情を育てることも重要となる。

ᓂ **保育士の役割**　①生活リズムを一定にし，ほぼ決まった時間に食事を摂取する。②必要な食事量やかかる時間など，個人差（発達機能の差）が大きい。そのため，子どもの咀しゃく能力に合わせ，噛もうとする意欲をそそる声掛けや環境の工夫が重要となる。③楽しいと思える食事環境を工夫する。好きな友だちや先生との楽しい食事体験は，その後の心身の発達に大きく影響を与える。④保育所での食育は，材料やつくり方への関心を高め，子ども自身がからだの健康について考えを深める。このように，保育者や友だちと食べることの楽しみ，食べ物への興味や関心をもつことが摂食行動の充実を促す。

section1－2 ア 健 康

事例

1 初めて食べたそら豆　今日のおやつはそら豆です。4歳児のクラスでは，最初に管理栄養士の先生から，そら豆について話を聴いた。Ａちゃんは家でそら豆が出ても「臭い」といいそのままでは食べず，サヤに入ったそら豆も見たことがなかった。友だちが楽しそうにおしゃべりしながらサヤを剥く姿を見たＡちゃんも，「わたしも剥きたい」と先生にいい手を伸ばし，そら豆のサヤをもらった。「わたし4個」「お布団みたいでフカフカしてる」などおしゃべりしながら剥いた。おやつのそら豆は，楽しそうにみんなと食べた。

2 Ｅちゃんトマト食べたよ先生　今日の給食はみんなが大好きなカレーです。みんなはうれしくておしゃべりが止まりません。Ｅちゃん（3歳児）もカレーは大好きです。でも苦手なトマトのサラダがあります。特にトマトは苦手です。友だちがＥちゃんに「カレーおいしいね，トマトおいしいね」といいながら食べた。すると，いつもは残してしたトマトを少し口にした。「Ｅちゃんトマト食べたよ先生」と友だちの声がした。先生もその様子を見ていて「すごいねトマト食べられたね」と褒めてくれた。その日のトマトは，ほんの一口だけだったが，Ｅちゃんはとてもうれしそうに友だちと話をしながらカレーを食べた。

3 お箸が使えたＫちゃん　5歳児のクラスでは4月からお箸を使う練習をはじめた。夏頃には何人かの友だちが上手に箸を使い給食を楽しんでいる。Ｋちゃんも箸でチャレンジする。でも上手く箸が使えず最後になってしまう。ある日友だちから「汚い」と食べ方を指摘され，次の日給食を食べようとしない。心配した先生はスプーンを勧めるがそれでも食べようとしない。保護者と相談し補助つきの箸を使うことにした。するとＫちゃんは徐々に食べこぼしも少なくなり，冬になる頃には友だちと一緒の箸を使い給食を食べることができるようになった。

♣　考えてみよう

1. 摂食行動の発達について具体例をあげてみよう。

2. 次の場面から摂食行動と健康について説明してみよう。

　　3歳児のＤちゃんは先生から「よく噛んで食べなさい！」といつも声を掛けられている。すると友だちも「もぐもぐ　ごっくんだよ」といって見せてくれるが状況は悪化。Ｄちゃんは頑なに口を閉じてしまった。

〈参考文献〉　＊　＊　＊　＊　＊　＊
北住映二他：「子どもの摂取・嚥下障害―その理解と援助の実際―」，永井書店(2007)
岡崎光子編：「新版　小児栄養」，光生館(2008)

section 1-3　ア　健　康

〈該当番号〉
⑦　身の回りを清潔にし，衣服の着脱，食事，排泄などの生活に必要な活動を自分でする。

C 習　慣

　自分の身の回りを清潔にすることや，衣服の着脱，食事，排泄などの生活に必要な活動は，規則正しく定時的に反復されるうち，その行動パターンが形成される。この形成されたパターンを習慣という。習慣が形成されると，ある時間，同じ場所，同じ状況になると，ほとんど自動的に行動できるようになり，知らないうちに行動していることもある。

⑤**試行錯誤と行動パターン**　誰でもはじめてのことに対し，どのように対処したらよいかわからないときがある。そんなとき，周囲を観察し，真似しながら対処し，成功すればこの方法でよかったと納得する。失敗すれば何がだめだったのかと再度考える。その過程が試行錯誤である。この試行錯誤の結果，その行動パターンを身につけ，次は周囲を観察しなくても簡単に遂行することができる。

⑤**習慣と学習理論**　習慣形成は，学習理論の一つである，オペラント条件づけによって説明することができる。オペラント条件づけとは，自発的な反応に対して，報酬（ほめるなど）や嫌悪刺激（しかるなど）を随伴させることにより，その反応を制御する過程である。報酬や嫌悪刺激を強化子という。報酬を与えたり，嫌悪刺激を除去することによって，その行動を増やそうとすることを強化という（例：苦手な食材を食べ，ほめられると続けて食べる）。逆に，報酬を除去したり，嫌悪刺激を与えることによって，その行動を減らそうとすることを罰という（例：苦手な食材を見て泣くと，叱られて泣かなくなる）。

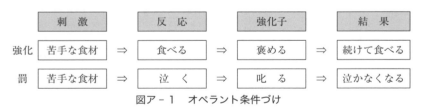

図ア-1　オペラント条件づけ

⑤**生活習慣**　食事，排泄，午睡，着脱，清潔などは基本的生活習慣とよばれる。これまでのオペラント条件づけの研究から，負の強化は，効果が一時的であったり，嫌悪刺激を与える人を嫌いになったりなどの弊害も指摘されている。したがって，基本的生活習慣を身につけるためには，望ましいことができないと叱るよりも，できたときを見逃さずほめることが効果的である。毎日の生活での繰り返しが，生活に必要な行動を習慣として身につけることができ，社会生活をスムーズに過ごすことを可能にする。

section 1−3 ア 健 康

事例

1 「おれ一番」のAくん

園庭に出るときは，いつもトイレで排泄を済ませ，準備が出来た友だちから一列に並ぶことになっている。Aくん（4歳児）は手を洗わず走って戻り，「おれ一番」と自慢気にいった。それを見ていた女の子が「Aくん手を洗ってよ」と強く注意した。Aくんは何もいわず黙ったまま睨んでいた。「Aくん洗ってよ」とさらに強い口調でいった。Aくんは「うるさい」と怒鳴り，からだをブルブルさせ，今にも手がでそう。間に先生が入り「Aくんわかってるもんね。今洗うところだよね」とやさしく声をかけた。Aくんはやっと手を洗いに。列に戻りながらAくんは手で涙を拭っていた。女の子も泣いていた。

2 着替えにチャレンジ

毎日外遊びの後，部屋に入り洋服を着替える。Bくん（4歳児）は着替えが苦手で一人ではしない。いつも「先生やって」と待っている。この日，先生は忙しくBくんを手伝えなかった。するとBくんは一人で着替えようと悪戦苦闘。そのとき，隣にいた女の子が「こっちが前だよ」と教えてくれた。Bくんは前後ろを逆にし，袖と襟がわからなくなっていたのだ。その2人の様子を見ていた先生は「Bくん一人で着られたね。すごい，やったね。」とほめてくれた。Bくんは次の日，先生を待つことなく悪戦苦闘しながらも頑張る姿が見られた。

3 プールが大好き

自閉症スペクトラムのCくん（5歳児）はプールが大好き。夏のプール期間は，毎日プールバックをもって登園，時間になると着替えてプールに入る。ある日，朝から雨模様，「今日はプール中止です。ホールで遊びます」と流れが変わる。でもCくんはいつもの時間になり着替えはじめる。先生に止められると「プール入る，プール入る」と納得できず，泣いてパニックになった。先生は保護者と話をし，Cくん用に絵カードを使い，わかりやすく一日の流れを示すことにした。それからは毎朝，カードで一日の流れを確認し，プールのない日もスムーズに過ごすことができるようになった。

♣ 考えてみよう

1. オペラント条件づけでの，正の強化，負の強化について具体例をあげてみよう。

2. 次の事例について，刺激，反応，結果から説明してみよう。

　　Dちゃん（4歳）はトイレの後，手を洗わずに出てきた。先生は手を洗って出てきたお友だちをほめてみたところ，それに気がついたDちゃんも慌ててトイレに戻り手を洗った。

〈参考文献〉 ＊ ＊ ＊ ＊ ＊ ＊

ジェームズ・E・メイザー：「メイザーの学習と行動」日本語版 第2版，二弊社（1999）

福沢周亮，都築忠義編：「発達と教育のための心理学初歩」p.72〜73，ナカニシヤ出版（2011）

section2-1 **イ 人間関係**

指針：内容（イ）

〈該当番号〉
⑤ 友達と積極的に関わりながら喜びや悲しみを共感し合う。
⑩ 友達との関わりを深め，思いやりをもつ。

A 共 感

　共感とは，他者のおかれている状況を認知して同じような感情をもつことである（伊藤・平林，1997）。新生児期では別の赤ん坊が泣いていると同じように泣き出すことが知られているが，これを初期の共感的反応の前兆と考える研究者もいる。ホフマン（1987）は，表イ－1が示すように，児童期後期にあたる4段階までの共感性の発達段階を示している。1，2歳にかけては，「自己中心的」共感を経験しているとし，2，3歳にかけて役割取得能力のはじまりとともに，他者の感情が自分と異なることを気づくようになる。共感の発達は，思いやり行動の基礎といえる。

表イ-1　ホフマンによる共感の発達

1．**全体的共感**：他者の苦痛を見ただけで共感的苦痛を経験する（他の子どもがころんで泣くのを見て自分も泣きそうになる）。
2．**自己中心的共感**：他者が苦痛を感じていることに気づいているが，他者の内的状態を自分自身と同じであると仮定する（泣いている友だちをなぐさめるために，自分の母親をつれてくる）。
3．**他者の感情への共感**：他者の感情は，その人自身の欲求や解釈にもとづいていることに気づく。
4．**他者の人生への共感**：他者は自分とは異なった歴史とアイデンティティをもち，人生経験に対しても喜びや苦しみを感じることを理解して共感する。

（伊藤・平林，1997）

B 思いやり（愛他行動）

　困っている人を自発的に助けたりするような行為を向社会的行動といい，援助行動以外に，物を分け合ったり，慰めたり，協力したりする行動が含まれる。向社会的行動のうち，動機に関係なく，特に，純粋に他者の利益のために行う行動のことを思いやり行動（愛他行動）という。

　2，3歳頃には泣いている子に自分の玩具を渡すというような行動がみられる。4，5歳ぐらいになると相手の欲求を正確にとらえた分与行動や援助行動がみられるようになる。幼児期の仲間関係のなかで，仲間から援助を受けたり援助したりする経験は，就学後の仲間関係や学校の適応と関係している可能性が高いことが示唆されている。

section 2-1 イ 人間関係

事例

1 年少児へのお世話 　年長組（5歳児）になったことに喜びを感じ，園生活で意欲的に行動する姿がみられる。また年下の子どもに対しても，生活習慣や当番活動，遊びのなかで面倒をみようとしている。しかし，まだまだ自己的な思いやりのため，園庭で自分の使いたい遊具を年少者が使っていると，貸してあげることはできるが「10，数えたら交代ね」と自分の都合ですぐに使えるような関わり方をしている。

2 縄跳びの記録を巡って 　5歳児の2学期終盤，クラスで縄跳びが流行していて，毎日何回飛べたか記録を競っていた。Aくんは，毎日地道に努力し，ついにこれまでの最高記録を更新してとてもうれしそうだった。クラスのなかでも一躍ヒーローになったAくんだったが，その日の午後，Aくんと仲のよいBくんがAくんが更新した記録をまた塗り替えてしまったのでAくんは，友だちの記録更新に悔しい思いでその場を立ち去り，保育室へ戻って行ってしまった。
　その様子をみていたCくんは，Aくんを追って保育室に戻り，「Bちゃんが記録を更新して悲しかったの？大丈夫？また頑張れば！」とAくんに声を掛けていた。

♣ 考えてみよう

1. 共感の発達において個人差が生まれる要因は何だろうか。
2. 次の場面で，子どもたちはどういう行動をするだろうか。
　　年長全員で，毎年行われている表現発表会のなかで劇をすることになった。自分のやりたい役を希望し，希望者が多い役の場合は，最終的にどのようにするかも子どもたち自身が決めることになっていた。すると，1名の配役に4名の女児が希望した。そこで，どのように決めていくか話し合いが行われた。

〈参考文献〉　＊　＊　＊　＊　＊　＊

伊藤忠弘，平林秀美：「向社会的行動の発達」，井上健治・久保ゆかり編：「子どもの社会的発達」，p.167～184，東京大学出版会（1997）

Eisenberg, N.「The caring child. Harvard University Press」二宮克美，首藤敏元，宗方比佐子訳：「思いやりのあるこどもたち—向社会的行動の発達心理学」，北大路書房（1995）

section2-2　イ　人間関係

〈該当番号〉
⑥　自分の思ったことを相手に伝え，相手の思っていることに気付く。

C　心の理論

　相手の思っていることに気づくことは，心理学では心の理論という用語で説明される。心の理論とは，心という目に見えないものについての推論であり，心の理論をもっているということは，他者が自分と違う考えや意図をもつことを理解し，それをもとに他者がどんな行動をするか予測できることを意味する。相手が何をしたいかという相手の意図を理解する能力の芽生えは共同注意(1章 p.24参照)が始まるころの9か月頃といわれる。2歳頃になれば，他者の意図だけでなく，例えば表に猫，裏に犬が描かれたカードを他者に見せたとき，他者からは猫しか見えないという単純な視点の違いも理解できる。しかし，他者とのやりとりのなかで，相手がどう考えてそういう行動をしたのかという理解はさらに数年必要である。幼児にとって相手の思っていることに気づくことは大人が考えるほどやさしいことではない。例えば，ある子どもがたまたま遊び相手の子どもを痛い目に合わせてしまって，いざこざに発展したという状況では，被害者の子どもにとって相手が「わざとじゃなく」行動したというように相手の考えや意図と行動を結びつけて理解することは，5, 6歳の子どもでも簡単ではない。保育者は加害者の気持ちを丁寧に代弁することが重要である。

☞ **誤信念課題**　心の理論は，ウィマーとパーナー(1983)の考案した誤信念課題で測られることが多い。子どもに人形を使いながら，主人公の子どもがチョコレートを引き出しに入れて出かけるが，その間に母親が料理に使い，戸棚にしまうというお話を聞かせる。戻ってきた主人公はどこを探すかという質問に対し，4歳児未満の子どもは自分の知っている事実である「戸棚」と答えてしまう。「引き出し」と正答できるようになると，他者がどういう考えをもっており，どうするだろうかという推測ができるようになると考えられる。誤信念課題を通過するためには，表象機能の発達，行動をコントロールする力(自己制御　3章 p.68参照)や言語の発達が関係していることが報告されている。

☞ **心の理論と自閉症スペクトラム児(ASD)**　ASD児は心の理論を獲得することが定型発達の子どもと比べて難しいことが指摘されてきた。ASD児が誤信念課題を通過するのは9歳から10歳ぐらいといわれ，そこには定型発達の子どもと比べ，言語を使って推論するという言語発達が大きく関わっていることが指摘されている(藤野他, 2017)。自閉症児にとっては，共同注意(1章 p.24参照)も苦手な行動であることから，共同注意は，心の理論の獲得と密接な関係があると考えられている。

section2−2　イ　人間関係

事 例

1　宝探しゲームでの出来事　5歳児の男児の間で，TVアニメの設定を模した宝探しゲームが流行していた。そのゲームは，5～6名のグループが二手に分かれ，折り紙で手作りした宝物（宝物には，点数が記してある）を探し合い，見つけた宝物の点数を競うものであった。

　ある日，いつものようにゲームを楽しんでいた5歳児。AくんとBくんは，なかなか見つからない場所はどこかと相談し，3歳児の部屋に隠すことにした。二人が部屋に入ると，Cくん（3歳児）が興味深そうに二人の様子を見ていた。Aくんが，「これ大切な宝物で，ここに隠すけど，他のお兄ちゃんがきても教えちゃだめだよ」と話しをすると，「うん，わかった」と返答していた。その後，敵チームの5歳児が年少組の部屋に入ってきて，「宝物，どこかな？」と探していると，Cくんが得意げに「ここだよ，ここ。ここにあるよ！」と教えていた。

2　内緒だよ　3歳児のAくんは，保育園の線路をつなげて遊ぶ電車の玩具が大好きだった。この玩具の電車の中でも「ドクターイエロー」という車種が子どもたちのなかでは一番人気であった。その日は，BくんがAくんより先にドクターイエローを使っていた。Aくんは，Bくんに「ドクターイエロー貸して？」と何度も聞きにいったが，その日は結局使うことができなかった。どうしても使いたかったAくんは，片付けが終わる頃，玩具の片づけ場所からドクターイエローを取り出し，自分のロッカーにしまってしまった。Aくんは，これで自分がドクターイエローを使えることがうれしかったのか，Cくんに耳元で「内緒，内緒の話だけど，ぼく明日保育園にきてドクターイエロー使いたいから，ロッカーの中にしまってあるんだ」と内緒話をしていた。するとそれを聞いたCくんは，担任の所へ行き，「先生，Aくんわるいことしているよ！みんなのおもちゃ，ロッカーにしまっちゃったんだって」と報告されてしまった。

♣　考えてみよう

1. 心の理論と共同注意に共通する点は何だろう。

2. 次の事例を読み考えてみよう。

　クラスでクッキーづくりをしていたAくん。保育士とともに小麦粉，砂糖，卵などの材料を混ぜ，生地を完成させた。その後，保育士はクッキー型を取りに行くため，一時その場を離れた隙に，Aくんは完成した生地をつまみ食いした。戻ってきた保育士はそれに気づき，Aくんに「クッキーの生地食べちゃったの？」と尋ねた。するとAくんは「食べてないよ。」と答えた。そして，保育士があることをいったことで，Aくんのうそがばれてしまった。保育士は，Aくんに何といっただろうか。

〈参考文献〉　＊　＊　＊　＊　＊　＊

子安増生，郷式徹編：「心の理論―第2世代の研究へ―」p.119～130，新曜社（2016）

藤野博，松井智子，東條吉邦，計野浩一郎：「言語的命題化は自閉スペクトラム症児の誤信念理解を促進するか？：介入実験による検証」発達心理学研究，第28巻，p.106～114（2017）

3章 3歳以上児の保育に関するねらい及び内容

section2-3 イ 人間関係

〈該当番号〉
⑨ よいことやわるいことがあることに気付き，考えながら行動する。
⑪ 友達と楽しく生活する中できまりの大切さに気付き，守ろうとする。

D 道徳性・規範意識

　人間の社会では，「よいこと」や「わるいこと」という規範やルールが存在し，それを守ろう
とすることを道徳性や規範意識とよぶ。心理学では，道徳性についてさまざまな理論があるが，
ここでは，子どもがどういう基準で「よいこと」「わるいこと」を判断するかという認知的側面
を強調するピアジェやコールバーグの認知的発達理論を最初に紹介する。

・**認知的発達理論**　ピアジェによると幼児期では社会的規範は権威ある大人から決められた
　絶対的なものと他律的に考えているが，児童期以降は，集団の成員の相互のやりとりで決め
　ることができる自律的なものととらえるようになる。コールバーグは，ピアジェの理論を発展
　させ，道徳的判断は青年期まで発達すると考え，自己中心的な利益をもとにした基準から内
　面的で抽象的な判断基準にもとづき規範をとらえるようになるまでの6段階を設定している。

・**心の理論と道徳性**　近年，道徳性の発達は，心の理論の獲得と関連していることが指摘さ
　れている。例えば，誤信念課題(p.66参照)に誤答した子どもは自己的な配分をするのに対し
　て，正答した幼児は他者に公平な配分を提案できることが示されている。しかし，心の理論
　の獲得と道徳性の判断の発達には，ずれがあることも報告されている。例えば，A子がうさ
　ぎのぬいぐるみが床の上に置いてあるのを見て，持ち去ったとする。その場合，A子はB子
　がぬいぐるみを使っていてB子がたまたまいないことを知って持ち去った場合と，ただ置か
　れていると思って持ち去った場合でどちらがわるいかを子どもに尋ねる。この場合，4，5
　歳になると心の理論がはたらき，A子がわざと行ったのか，そうでないかということがわか
　るようになるが，わざと意図的に行った場合がわるいという判断は児童期になって明確にな
　るという(Hayashi, 2010)。

・**自己制御と自己主張**　決まりの大切さに気がついてはいるが，目の前のものが魅力的で欲
　求に逆らえずきまりを破ってしまうことが幼児にはよくある。幼児期は，自分の欲求や感情
　を抑える自己と，自分の意思を表現し，行動する自己主張が発達していく。触ってはいけな
　いといわれた目の前の玩具を我慢して触らないようにすることができる力は4歳から6歳，
　8歳と直線的に増加していく(氏家, 1980)。子どもは仲間や保育者との日々の生活のなかで，
　道徳や慣習について多くの社会的相互作用を経験して社会規範の大切さを理解し，自己制御
　の発達とともにきまりを守ることができるようになっていく。保育者は日々子どもに社会的
　規範を伝達し，規範意識を育てているといえる。

section2-3 イ 人間関係

事 例

1 栽培しているハツカダイコンを巡って

5月中旬，4歳児では園庭の花壇でハツカダイコンの栽培をしていた。みんなで種をまき，毎日水やりをして大切に育てていた。クラスでは①葉っぱを取らない，②芽を踏まないなどの約束事を決めていた。日々グループ当番が交代で水やりをし，「小さい芽が出てきた」「もうすぐ食べられるかな」と成長を楽しみにしていた。ある日の自由あそびの時間，4歳児が花壇の前で，3歳児のAくんが「お兄ちゃんが，叩いたあ！」と大声で泣いていた。4歳児のBくんとCくんが怒った表情で立っていた。駆けつけた担任は，どうしてAくんが泣いているか尋ねた。Bくんは，「Aくんが，わるいことしたんだ」といい，Cくんにも理由を聞くと「Aくんが，お約束守らないから！ぼくたちのダイコンの葉っぱを取って，おままごとして遊んでたの！」と答えた。

2 お片付けの時間だよ

保育所の生活や遊びにおけるきまりやルールに対して，少しずつ理解が深まってきた3歳児，6月下旬。園庭の砂場で遊んでいたAちゃんとBちゃん。給食の時間になり，担任から片づけをするよう声をかけられると，Aちゃんは「あっ，給食の時間だ。お片づけしなきゃ！」と使っていた砂場の遊具を決められた場所へ片づけをはじめていた。その隣でBちゃんは，ケーキづくりに熱中していた。なかなか片づけをしないBちゃんに，Aちゃんは，「もーBちゃん，お片づけの時間だよ」と声を掛けたが，Bちゃんは黙々とケーキづくりを続けていた。しびれを切らしたAちゃんは，Bちゃんが使っていたケーキのカップを取り上げ，「お片付けしないといけないんだよ」と，Bちゃんが作っていたケーキを次々に壊してしまった。するとBちゃんは，「せっかく，ママのお誕生日ケーキあと少しで出来上がったのに…」と泣き出してしまった。

♣ 考えてみよう

1. きまりを守るという行為に必要な能力は何か。あげてみよう。

2. 次の事例を読み，「規範意識」の芽生えを培うという視点から，男児にどのような援助や関わりができるか考えてみよう。

　　年長クラスに進級し，当番活動が始まった5歳児。当番は，給食時に担当グループの配膳の準備（椅子を並べる，箸，コップなどの用意）をする約束であった。友だちとサッカーに夢中で自分の当番を忘れていた男児。何度か同じグループの女児が給食の準備に行くよう促したが，「まだ，大丈夫」と行かなかった。結果，男児のグループのみが給食の用意が出来ていなく，グループの他児から男児は責められた。

〈参考文献〉　＊　＊　＊　＊　＊　＊

日本道徳性心理学研究会編：「道徳性心理学」p.133～144，北大路書房（1992）

清水由紀，林創：「他者とかかわる心の発達心理学」p.75～91，金子書房（2012）

氏家達夫：「誘惑に対する抵抗に及ぼす統制方略の及ぼす効果の発達的検討」，教育心理学研究，第28巻，p.284～292（1980） section 3 - 1　ウ　環　境

指針：内容（イ）

〈該当番号〉
① 自然に触れて生活し，その大きさ，美しさ，不思議さなどに気付く。
② 生活の中で，様々な物に触れ，その性質や仕組みに興味や関心をもつ。
⑤ 身近な動植物に親しみをもって接し，生命の尊さに気付き，いたわったり，大切にしたりする。

A　素朴理論

　子どもは，自然やさまざまな物に触れたり，動植物に接したりすることを通して知識を得ていくが，そうした知識は，頭のなかでバラバラではない。自然，物，生物などの領域ごとの「理論」によってまとめられている。ここでいう理論には，①領域内の知識が相互に結びつけられている（知識の首尾一貫性），②扱う対象が区別されている（存在論的区別），③因果関係を説明する枠組みをもっている（因果的説明），といった特徴がある。ただし，科学的には間違っていることもあり，子どもなりの素朴な考え方という意味で，「素朴理論」とよばれる。子どもは素朴理論によって，自然，物，生物に関する現象を因果的に捉えることできるようになる。

☽**素朴理論の数**　学問領域の数に相当する素朴理論があるという。また，領域によって獲得する時期にずれがあり，個人差もある。素朴理論のなかでも，無生物，人間，生物に関する3つの素朴理論は，早期に発達すると考えられてきた。それぞれ，「素朴物理学」，「心の理論」（p.66参照），「素朴生物学」とよばれ，順に，乳児期から幼児期にかけて出現する。

☽**素朴物理学の特徴**　素朴物理学の獲得は乳児期といわれる。「物の永続性」（物は見えなくなっても存在し続けるという認知）が土台になり，物についての知識をまとめあげていくと考えられる。ただし，幼児は物の永続性が邪魔して，科学的な見解とは異なる「誤概念」をもつこともある。例えば，呉（2007）の実験によれば，4，5歳児は物とその影を区別できるものの，影が見えなくなると，状況によっては，「見えないだけで影はどこかに隠れている」と考えがちであった。物理現象については，大人になっても誤概念をもつものが多く，素朴物理学からは，なかなか脱却できないことが知られている。

☽**素朴生物学の特徴**　素朴生物学の獲得は5歳頃といわれる。その特徴として，幼児は，生物と無生物の区別，身体現象と心理現象の区別ができる。また，生物の原理は，生物にしか適用できないことを理解している。さらに，人間を生物の典型として捉え，「擬人化」によって，他の生物を理解しようとする。例えば，うさぎに対しては自分と同じように成長すると理解するが，石に対しては，そのような擬人化は行わない。

☽**子どもの有能さ**　素朴理論は子ども独自のものの見方を表し，子どもの世界観でもある。5歳にもなると，大人の予想を超えるユニークな理屈をいったりするが，素朴理論の観点から観察してみると，子どもの有能さ，おもしろさを発見できる。

section3−1 ウ 環 境

事 例

1 花だんの前に立ちつくす　　4月下旬。3歳児への進級後，新しい保育室や保育士に緊張やとまどいを見せていた子どもたちだったが，少しずつ周囲の環境にも慣れ，思い思いに好きな遊びを楽しんでいた。

　ある日，園庭でボールを蹴り合って遊んでいたAくんとBくん。5歳児の男児が，サッカーをしている様子を羨ましそうに見ていた2人は，5歳児の様子を見よう見まねで，「こっち，こっち，こっちに蹴って！」「行くよー，シュート！」とボールのやり取りをしていた。なかなかボールを思うようなところに蹴ることは難しく，園庭の端から端へとボールを追いかけていた二人だった。

　すると，Aくんの蹴ったボールが，Bくんの頭上を高く越え，3歳児保育室前のチューリップが咲いている花だんへ飛んでいってしまった。Aくんは，「あーっ」と叫んで，花だんに急いで近寄っていった。Bくんもすぐに駆けつけ，花だんを見ると，ボールが直撃したチューリップの花の部分が，茎からポキッと折れ，地面に2つ落ちていた。このチューリップは，進級する3歳児へのお祝いとして，5歳児が昨年球根を植えてくれて，ようやくこの春に咲いたものだった。

　目の前に落ちているチューリップを見て，Bくんは「あーあ，チューリップのお花折れちゃった。せっかくお兄さんたちが植えてくれたのに，どうしよう」と心配していた。Aくんも，自分の蹴ったボールで花が折れてしまったため，ぼう然と花だんの前に立ちつくしていた。すると突然，Aくんは保育室に一目散に走り出し，セロテープをもって花だんに戻ってきた。そして，「これで，お花はくっつくんだ」とセロハンテープで落ちた花と茎の部分を一生懸命貼り合わせようとしていた。

　その様子を見ていたBくんは「Aくん，何しているの？」と尋ねると，「テープでこうやって，お花とここをつなげれば直るよ」と返答していた。

♣　考えてみよう

1. 素朴理論にみられる理論としての3つの特徴について具体例をあげてみよう。

2. 「素朴理論」による幼児の考え方の特徴を踏まえ，「お店屋さんごっこ」の買い手と売り手とのやり取りのなかで想定される子どもの姿をあげてみよう。

〈参考文献〉　＊　＊　＊　＊　＊　＊

開一夫，齊藤慈子編：「ベーシック発達心理学」p.135〜156，東京大学出版会(2018)

呉永美：「子どもはなぜ影に対する永続信念をもつのか―素朴物理学の成立における先行経験と領域知識の役割―」，人間文化創成科学論叢，第10巻，p.229〜238(2007)

内田伸子：「幼児心理学への招待［改訂版］―子どもの世界づくり」p.145〜150，サイエンス社(2008)

section3-2　ウ　環　境

〈該当番号〉
⑨　日常生活の中で数量や図形などに関心をもつ。

B　数概念

　3歳頃の幼児は数量に関心をもちはじめるが，数は抽象的な概念であるため，その理解は容易ではない。しかし，数概念の獲得に必要な基礎能力は，就学前の幼児期に発現する。一つは，「イチ，ニ，サン…」と数詞を順序通りに唱える「数唱」であり，もう一つは，ものの数を数える「計数（カウンティング）」である。3歳頃からは足し算が全体を増加させること，引き算が全体を減少させることもわかるようになる。なお，ものの数を瞬時に把握することを「サビタイジング（subitizing）」といい，幼児は3までなら数えずに「○個」と答えられる。

⮑ **数唱と計数の違い**　日常生活のなかで子どもが，初めてまとまった数唱を聞く場所は，お風呂という。「十数えたら出ようね」と親が数を唱えるような場合である。子どもも唱和するようになり，次第に一人で唱えるようになる。こうした経験を通じて，3歳頃までには10〜20ぐらいを自分で唱えられるようになる。しかし，3歳児は3までは数唱と物との対応がつくが，4以上になると対応がつかなくなる。数唱は計数の前提となるが同じではない。

⮑ **計数に必要な原理**　ゲルマン（Gelman, R.）らは，計数には次の5つの原理が必要であるとしている。①1対1対応の原理（ものと数詞を1つずつ対応させること），②安定順序の原理（用いられる数詞はいつも同じ順序で配列されること），③基数の原理（数え上げて最後に唱えた数詞が全体の数を表すこと），④抽象性の原理（計数の手続きがどんな対象にも適用されること），⑤順序無関連の原理（数えるときは右からでも左からでも中央からでも，どこからでも数えてもよいこと）。

⮑ **計数能力の生得性**　上記の原理のうち，①〜③の原理が理解されれば正しい計数が可能となる。母親アンケートの結果（無藤他，2004参照）によれば，「①1対1対応」「②安定順序」は3歳半〜4歳，「③基数の原理」は5歳で相当数の幼児が使えるようになる。こうした原理については，大人が幼児に体系的に教えているとは考えにくいことから，生得的に備わっている可能性が高いといえる。

⮑ **計数の実際**　計数の原理がわかっていても，ものを正しく数えられるとは限らない。3，4歳児では5以内の数なら比較的正確に数えられるが，6を超えると間違いやすい。また，おはじきなどで正しく数えられる幼児であっても，ブランコをこぐ回数やトランポリンで跳ねる回数などは，数唱と動きのテンポが合わず，数えるのが難しい。幼児には「数えにくいもの」がある。こうした特徴を踏まえ，数唱や計数の「正解」を教え込むのではなく，子どもが自発的に考え，数についての遊びが行えるような環境を用意することが大切である。

事例

1　フルーツバスケットゲームでの椅子並べ

3歳児の3月，集団での遊びが楽しくなり，椅子取りゲームやフルーツバスケットの遊びが盛んに行われるようになっていた。

午後のおやつ終了後，お帰りの準備をしていたとき，Aくんが「先生，今日もまたみんなでフルーツバスケットしたい」と話しをしてきた。

担任は，クラスの他児に対して「Aくんがフルーツバスケットしたいってお話しているけど，どう？」と提案すると，他児も「やりたい」と賛成してくれた。そこで，担任はAくんに「フルーツバスケットができるように，椅子15個，丸く並べられる？」と聞くと，Aくんは「任せて！」と張り切って返答した。

Aくんは，保育室の端に並べてあった椅子を一つずつ円形に並べていった。

おおよそ円形に椅子を並べ終えると，Aくんは「全部で15個お椅子あるか，調べてみよう」と椅子を数えはじめた。初めは順調に「イチ，ニ，サン，……」と数えていたAくんであったが，15に近づいた後半になると，「ジュウヨン，ジュウゴ，ジュウロク，ジュウナナ」と15を越して数えてしまっていた。

Aくんも「あれ，たくさん並べちゃったかな？もう一度数えてみる」と再度チャレンジするも，またも15を超えてしまった。その後も何度かチャレンジするが，上手くいかず「先生，何回数えても15個あるかわからないよ」と担任に助けを求めてきた。

♣ 考えてみよう

1. ゲルマンらの計数に必要な5つの原理について，例えばミカンの個数を数えるなど，具体例をあげて説明してみよう。

2. 年少組(3歳児)の子どもに対して，保育士が「○○ゲームをするので，4人のグループを作ってください」と指示を出した。3歳児の子どもが4人ずつのグループを作れるようにするためにはどのような援助や配慮が必要か考えてみよう。

〈参考文献〉　＊　＊　＊　＊　＊　＊

無藤隆，岡本裕子，大坪治彦編：「よくわかる発達心理学」p.64〜65，ミネルヴァ書房(2004)
内田伸子：「幼児心理学への招待［改訂版］─子どもの世界づくり─」p.151〜167，サイエンス社(2008)

3章　3歳以上児の保育に関するねらい及び内容

section 3-3　ウ　環　境

〈該当番号〉
⑩　日常生活の中で簡単な標識や文字などに関心をもつ。

C　リテラシー

　文字に関心をもった幼児は，自分なりに文字を読んだり，書いたりしようとする。そうした文字の読み書き能力のことをリテラシー（literacy）という。日本では，小学校入学までにほとんどの子どもがひらがなを読めるようになる。また，ほとんどの子どもが自分の名前をひらがなで書け，お手紙を書くといった活動を始めたりもする。概して，女児のほうが男児に比べてリテラシーの発達は早い。ただし，文字指導を行っている保育園や幼稚園は少なく，また，文字教育は小学校入学後からでよいと考える親は多い。そのため，幼児は日常生活や遊びを通して，自然にリテラシーを習得していると考えられる。

文字習得の基盤　文字が読めるためには，音韻的意識が必要と考えられている。音韻的意識は，語の音韻分解と音韻抽出からなる。音韻分解とは，語の音韻構成を知ることで，例えば，「ウサギ」という言葉が，/ウ/サ/ギ/の3つの音から成ることがわかることである。音韻抽出とは，特定の位置の音韻，例えば，「ウサギ」の最初の音として/ウ/を，最後の音として/ギ/を，真ん中の音として/サ/をそれぞれ取り出せることである。音韻分解と音韻抽出ができるほど，読字数が増えることが明らかになっている。

音韻的意識の発達を促す遊び　幼児が好む遊びには，音韻的意識を促す遊びがある。例えば，「しりとり」では，前の人がいった言葉の最後の音を取り出している。また，「グリコ」では，ジャンケンでグーに勝つと，/グ/リ/コ/と音節分解しながら，3歩進む。こうした伝統的な遊びだけでなく，幼児は，音に注目したいろいろな言葉遊びを発明したりする。そうした遊びを通して，いつの間にか文字習得の準備がなされていく。

鏡文字　幼児では，「鏡文字」が書かれたり，鏡文字と正しい字との識別ができなかったりする。一般に，斜めの線のある文字（さ，イ），曲線のある文字（る，て），対称軸のある文字（く，ヨ）などは，鏡文字になりやすい。また，左右対称軸のある図形においても生じ，図形，漢字，カタカナ，ひらがな，数字の順に起こりやすいという。5歳児の相当数で鏡文字が発生するが，小学校入学以降，急激に減少する。

リテラシーの個人差　幼児期のリテラシーの習得は，本人の興味関心に依存する。そのため，個人差が大きい。しかし，小学校入学後，リテラシーの系統的な学習がはじまると，2年生までにはそうした個人差が解消されることが明らかになっている。また，幼児期のリテラシーと小学校での国語の学力の関連も弱い。単に文字を読み書きできることと，文章を理解することや作文が書けることは違うのである。

section3-3 ウ 環 境

1　お手紙交換　　5歳児9月後半。敬老の日におじいちゃん、おばあちゃんを保育園に招待するために手紙を書く活動以来、クラスでも友だち同士のお手紙交換が盛んに行われていた。

　Aちゃんは、大好きなBちゃんに内緒で手紙を書こうと張り切っていた。Aちゃんは自分の名前や馴染みのある文字であれば書くことができるが、ひらがなすべてが書けるわけではなかった。Bちゃんの名前を書くときには、Bちゃんのロッカーの名前を見ながら「○○は、こうやって書くのかな」と真似をしながら、文面も一生懸命考えながら書き上げていた。

　Aちゃんは、ようやく完成した手紙を手に、Bちゃんに「お手紙書いたからあげる」と手渡し、Bちゃんはその場で手紙を広げ読みはじめた。するとBちゃんに「こんど、いしょ？？何て書いてあるのかよくわからない」といわれてしまった。手紙の内容は、「こんどまた、いっしょにこうえんであそぼうね」と書きたかったようだが、ところどころ文字が鏡文字になっていたり、文字か判別ができない箇所がみられた。

2　先生、何て読むの　　5歳児、小学校への進級への意識も少しずつ表れるようになった12月頃。近頃、5歳児の散歩の道中で、お店の看板やポスターなどから自分たちがわかる「文字探し」が流行していた。

　近所の商店街を通ると、あちらこちらの看板を指さしながら、「あー、とんかつって書いてある、何だかお腹空いてきちゃった」、「クスリの○○って、お薬屋さんかな？」、「先生、○○トウフって、最初のところ、何て書いてあるの？」とそれぞれ、自分が読める文字を探しながら歩いていた。

　しばらく文字探しを楽しんでいると、Aちゃんが「先生、や・な・か・さって何のこと？」と担任に質問してきた。担任も「や・な・か・さ？」とさっぱり何のことだかわからず、困っていると、「先生、あそこに書いてあるの」とトラックを指さした。そこには、「さ・か・な・や○○」と車の側面に右から読む文字が書かれた鮮魚店のトラックが停車していた。

♣　考えてみよう

1. ほとんどの子どもが、なぜ、小学校入学前にひらがなを読めるようになるかを説明してみよう。

2. 子どもが「あ」「い」「う」などの文字に興味がもてるような、遊びとはどのようなものがあるか、既存の遊び（かるた、すごろくなど）以外でオリジナルの遊びを考えてみよう。

〈参考文献〉　＊　＊　＊　＊　＊　＊
加藤孝義：「環境認知の発達心理学　環境とこころのコミュニケーション」p.54〜57，新曜社（2003）
内田伸子：「幼児心理学への招待［改訂版］―子どもの世界づくり―」p.193〜219，サイエンス社（2008）

3章　3歳以上児の保育に関するねらい及び内容

section4－1　**エ　言　葉**

指針：内容（イ）

〈該当番号〉
③　したいこと，してほしいことを言葉で表現したり，分からないことを尋ねたりする。
④　人の話を注意して聞き，相手に分かるように話す。

A　会　話

　子どもが言葉を発することができるようになったからといって，すぐに自分の要求を表現したり，自分が知らないことをわかろうとして問いかけたりすることができるわけではない。また，他者の話をよく聞いて，聞き手に配慮した話ができるようになるわけではない。

🖙 **会話のポイント**　聞き手が話し手のいうことを理解するためには，話し手はいくつかのポイントをクリアしなければならない。グライス（Grice, P.）は，「量」，「質」，「関係」，「様態」の4つをあげている。簡単にまとめてみると以下のようになる。

　量　：必要とされている情報を与えなければならないが，必要以上であってはいけない。
　質　：うそや根拠のないことを話してはいけない。
　関係：かかわりのあることを話さなければならない。
　様態：はっきりとわかりやすく話さなければならない。

🖙 **心の理論**　グライスが挙げたような4つのポイントを押さえた会話は，子どもにはとても難しい。このような会話を成立させるためには，高次の認知的な発達が待たれるからである。その一つに「心の理論」をあげることができる。

　幼児期前半までは，子どもは自分の心と他者の心の区別が明確にはできない。例えば，自分の知っていることは，他者も知っていると素朴に思っていることがある。

　しかし，幼児期も後半になれば，自分の心は他者の心とは違っていることがわかり，他者の心がどのような状態であるかを推測するようになる。そうなれば，要求表現ができるようになったり，問いかけしたりすることができるようになる。また，徐々にではあるが，他者の話を注意深く聴いて，特に自分の年齢よりも下の子どもなどに配慮して話す工夫もみられるようになる。

🖙 **子どもの言葉が表すもの**　子どもの発達は，子どもの身体の変化や運動機能の向上など，さまざまなところに現れるが，心の育ちを最も感じとることができるのは，子どもの言葉においてである。幼児期は言葉が目覚ましく増えるため，そのこと自体も子どもの成長を感じさせるものであるが，何といっても，子どもの感情や思考，社会性の発達が，言葉に映し出される。子どもの発話や会話は子どもの発達を知る，あるいは子どもを理解するための示唆の宝庫である。

76

section 4 − 1 工　言　葉

事例

1　Aくんの思いは伝わらず

　4歳児，7月下旬，気温も上がり，園庭では水遊びや砂場での遊びが盛んに行われていた。AくんとBくん，Cくんの3人も，連日砂場での山，トンネルづくりを楽しんでいた。Aくんは「今日のお山は，昨日よりずーっと，ずーっと大きなお山にして，トンネル作って，お水流そう！」と張り切っていた。

　Aくんは現場監督の役割を担っているようで，Bくん，Cくんに対して「ここに，この位までお砂高く積んで。崩れないように少しお水つけて固めてね」と指示を出していた。

　Bくんも「了解！」と3人で協力して作業していた。遂に大きな砂山が出来上がり，砂山の中にトンネルを掘る段階になると，Aくんは，「そうじゃないよ，ここから，あそこまでこう繋げて掘るんだよ！」と，砂山の中に自分の腕を埋めながら語気を強め主張していた。

　Cくんは，「こことここを繋げるってこと？」と質問すると，「そこじゃないよ。こっちからだよ！」と言い合いになっていた。

　Bくんも二人の会話を聞きながら，「Cくん，そこからじゃなくて，ここから繋げればいいんだよ」と自分の思うままに砂を掘り始めた。

　Aくんの指示する内容はBくん，Cくんには思うように伝わらず，三人三様の解釈からトンネルを掘り続けたため，ついに，砂山は崩れてしまった。

　Aくんは「もぉー僕の言う通りにしないから，壊れちゃったじゃないか！」ととても怒って，地団駄を踏んでいた。Bくんは「そんなに，怒らなくていいじゃない」と言い，

　Cくんも「わざとじゃないんだし，Aくんとはもう一緒に遊ばない」と二人は砂場を離れて行ってしまった。

♣　考えてみよう

1. 大人にとって，子どもの会話がわかりにくいのはなぜだろうか。理由をいくつかあげてみよう。

2. 次のような場面のとき，あなたは保育士としてどのような対応をとるか考えてみよう。
　　3歳児，5月。進級による新たな担任や環境にも慣れてきた時期。Aちゃんは，毎週月曜日保育所にくるのを心待ちにし，週末に出かけたことやおじいちゃん，おばあちゃんに遊んでもらったことなどを沢山話してくれる。いつものように「先生，おはよう。あのね，昨日ね，おばあちゃんとおじいちゃんと……おやつ食べて，それでね……」と話の内容が理解し難いことが多い。

〈参考文献〉　＊　＊　＊　＊　＊　＊

Grice, P.「Studies in the Way of Words」清塚邦彦訳：「論理と会話」p.31〜59，勁草書房（1998）

3章　3歳以上児の保育に関するねらい及び内容

section4-2　エ　言　葉

〈該当番号〉
②　したり，見たり，聞いたり，感じたり，考えたりなどしたことを自分なりに言葉で表現する。

B　外言と内言

　何かをしたり，見たり，聞いたり，感じたりしたことを子どもたちは自分なりに言葉で表現するようになる。また，考えたことも言葉で相手に伝えられるようになる。しかし，同時に，その言葉そのものが考える手段の中心になっていく。私たちは言葉を音声化して他者と会話することで，コミュケーションを行っている。また，言葉を音声化せずに，無言で自分の心の中で話をし，自分の思考を展開している。ヴィゴツキー（Vygotsky, L.S.）は，前者のような音声を伴う言語を「外言」，後者のような音声を伴わない言語を「内言」とした。しかし，言葉を話しはじめてから，すぐに子どもは外言と内言の両者を駆使しているわけではない。発達とともに，次第に内言が使えるようになっていくのである。

☞**自己中心性**　幼児はいろいろと考えたり，判断したりすることにおいて，自分中心になってしまうことが多い。こうした幼児期の認知の特徴は，ピアジェ（Piaget, J.）によって「自己中心性」とよばれた。しかし，これは幼児が自分勝手である，わがままであるといった意味ではない。認知発達的に幼児は未熟であるため，自分の視点を離れた思考ができないということである。自分の視点を離れて，他者の視点に立って物事が考えられるようになったとき，その子は認知的な発達を一つ遂げたことになる。自己中心性から抜け出す，という意味から，このことを「脱中心化」という。

☞**自己中心語**　幼児期の自己中心性は，言葉においては「自己中心語」として現れ出る。自己中心語とは，例えば，幼児に見られるつぶやきあるいは独り言である。一人でいるときに独りごとをいうのは，自然なことであるが，興味深いのは，子どもたちが集団でいても，それぞれが独りごとをいう場面があることである。これを「集団的独語」という。例えば，子どもたちがみんなで粘土遊びをしているので，はたからは，そこで話されている言葉は会話に聞こえる。しかし，よくよく聴いてみると，粘土遊びのために，子どもたちは自分に向けて，自分のために言葉を発している。子どもどうしの言葉のやり取りではないのである。

☞**外言から内言へ**　自己中心語は発達とともにやがて消えていく。しかし，脱中心化によって消滅したわけではない。外言の一部が内言化するプロセスで，自己中心語という過渡的な言語現象が生じたのである。そもそも他の人とのやり取りのために子どもの言葉は発達するのだが，思考機能も言語をもちはじめると，その際の発話は，ところどころ音声が抜け落ち，意味のわからないものになる。それが自己中心語に見えてしまうのだ。思考機能においてより言語が発達すると，音声が発せられない言語活動（内言）となる。

78

事例

1　はじめてのトンネル

3歳児，7月初旬，園庭の砂場で遊んでいたAちゃん。Aちゃんが遊んでいた砂場の奥には，大きな築山があり，その築山の下には土管のトンネルが設置してあった。トンネル内は，子どもたちが自由に行き来できるようになっていて，4歳児，5歳児の子どもたちにとっては，絶好の遊び場所であった。4歳児，5歳児は，トンネル内で秘密基地やごっこ遊びなどをして，非常に魅力的な環境であった。しかし，2歳児や3歳児の子どもにとっては，トンネル内が薄暗く，かなりの距離があり，声が反響することから行ってみたいが，少しドキドキ怖い場所であった。

そんなある日，いつもは，年長者の子どもたちがトンネル内で遊んでいるため，なかなか年少者が使うことが出来ないが，4歳児，5歳児ともにお散歩に出かけて，園庭では3歳児のみが独占して遊んでいた。

砂場では，数名の3歳児が遊び，その中のAくんとBくんは，トンネル内を勢いよく走り抜け楽しんでいた。その様子を砂場からジーっと見つめていたCちゃん。しばらく遊んでいたAくんとBくんであったが，その後，違う遊びをはじめ，トンネル内には誰もいなくなった。すると，Cちゃんは，トンネルの入り口までトコトコ歩いて行き，恐る恐るトンネル内部を覗いていた。しばらくトンネルの入り口で立ち止まっていたCちゃんだったが，両手をグーに握り，大きく深呼吸をしてから「Cちゃんなら大丈夫，大丈夫」と自分にいい聞かせるように，一歩を踏み出した。トンネル内に進んでいくと，「Cちゃんならできる！Cちゃんは強い，強いんだ！おばけがでてきたら，カチコチにして冷蔵庫にしまっちゃえばいいんだ！」と小さな声で独りごとをいいながら，トンネルをゆっくり通り抜けることができた。

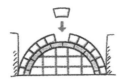

♣　考えてみよう

1. 幼児が発するさまざまな独りごとのなかで，感じたり，考えたりすることに関係しているとみられるものをいくつかあげてみよう。
2. 子どもが遊んでいるときに，どのような場面でどんな独りごとをいっているか，これまで出会った子どもの姿をあげてみよう。

〈参考文献〉　＊　＊　＊　＊　＊　＊

ヴィゴツキー, L. S. 著　柴田義松訳：「新訳版　思考と言語」，新読書社 (2001)

section4-3　エ　言　葉

〈該当番号〉

⑧　いろいろな体験を通じてイメージや言葉を豊かにする。

⑨　絵本や物語などに親しみ，興味をもって聞き，想像をする楽しさを味わう。

C　象徴機能

　子どもは生活のなかでさまざまな体験をすることによって，心の中のイメージや言葉を豊かにしていく。また，物語を聞かせてもらったり，絵本の読み聞かせをしてもらったりして，間接的な体験をし，楽しさを味わいながら，ここでもイメージや言葉を増やすことができる。

　乳児期から幼児期にかけて，砂遊びができるようになると，まずその遊びはもっぱら感覚的なものになる。砂を握りしめてジャリジャリとした手触りを楽しんだり，砂場に舞い落ちてくる枯葉を握りつぶして，シャリシャリという音や感触を試したりする。子どもはこうした遊びに惹かれ，何度も何度も繰り返すことが多い。その際，そばに寄り添う保育者が，共感して声かけをしたり，同じ遊びをしたりすることはとても大切なことである。

◎**象徴遊び**　砂遊びは，感覚を味わうものから，想像を楽しむものへと発達していく。それは象徴機能によって可能になる。象徴機能とは，あるもので別のものを表す，という心のはたらきである。砂場の砂をご飯に，舞い落ちる枯葉を粉々にしたものをふりかけに見立てるなどの，いわゆるおままごとは象徴遊びとよばれる。

◎**象徴機能と言葉**　象徴機能の成立は，目の前に存在しないものでも，心が扱えることになった証である。自由に想像し，思考を巡らせることができるようになりはじめたのである。しかし，そもそも「砂とご飯」や「枯葉の粉とふりかけ」は，まったくの別物である。それらをつなぎ合わせる力，すなわち象徴機能が，言葉の獲得には重要なのである。例えば，咲いている花を「ハナ」とよぶことには必然性がない。日本語でそれを「ハナ」とよぶに過ぎない。けれども，自分の周囲のさまざまなものごとに言葉が貼り付けられており，その言葉を知ることで，子どもたちは自分を取り巻く世界を認識できるようになるのである。そして，その言葉を使うことによって，その世界に関わることができるのである。

◎**実体験から読書体験へ**　子どもが，自然に直接触れたり，直に人と関わったりするような実体験は，子どもの感性や思考力を育むことに寄与する。しかし，人間が生きていくなかで，実体験できる事柄は，非常に限られている。そこで，大人は昔話や物語を聴かせたり，絵本の読み聞かせをしたりすることができる。その結果，間接的ではあるものの，子どもたちの通常の生活では味わえない体験を，子どもたちはすることができる。そのことで子どもたちはさらに想像力を高められるのである。想像力が高まれば，何かを生み出す創造力，他者の立場を推測できる社会性など，生きるために不可欠な力を得ることができるのである。

事例

1　劇の発表に向けて

　5歳児が小学校進学前(2月中旬)，クラス全員で行う最後の活動として表現発表会がある。毎年年長組は劇の発表を行い，劇の題目，大道具，小道具などは子どもたちが相談して決めていくことになっていた。今年は「アラジンと魔法のランプ」の劇を演じることになり，日々練習に励んでいた。

　劇の練習を始める前に，担任は子どもたちのイメージを広げようと，数冊の「アラジンと魔法のランプ」の絵本や紙芝居を子どもと共に読んでいた。子どもたちは，絵本や紙芝居を通して，物語や登場人物のイメージを広げていた。

　その後，小道具や舞台演出を考える中で，子どもたちからは，「アラジンの洋服は，ズボンが少しフワーってなるのが良いと思う」「ランプを擦って，魔人が出てくるときはどうやって出てくることにする？」など，自分たちのイメージを形にしようとさまざまにアイディアを出していった。

　このように劇活動を進めるなかで，物語の重要なシーンであるアラジンが魔法の絨毯に乗って移動するシーンをどのように見せるかで問題が生じた。
　子どもたち同士で話し合いがはじまり，
　「どうやったら，空を飛んでいるように見えるかな？」
　「机の上に絨毯を敷いて，その上に乗ったらどう？」
　「でも，それだと机の脚が見えちゃうから，空を飛んでいるように見えないよ」
　「絨毯がヒラヒラ揺れていたら，動いているように見えるかも！」
　「机の前に空の模様を描いた紙を付けたら，浮いているように見えるんじゃない」と，一つのイメージをクラスの仲間で共有しながら，その実現に向け協力する姿がみられた。

考えてみよう

1. あなたが幼児であったときに，どんなものを何に見立てて遊んでいましたか。思い出して，いくつかあげてみよう。
2. 室内，戸外のおままごと遊びの際に，子どものイメージを広げることのできる素材や教材，環境とはどのようなものがあるか考えてみよう。

〈参考文献〉　＊　＊　＊　＊　＊　＊
赤川次郎：「イマジネーション　今，もっとも必要なもの」，光文社文庫(2007)

3章　3歳以上児の保育に関するねらい及び内容

section5-1　オ　表　現

指針：内容（イ）

〈該当番号〉
⑤　色々な素材に親しみ，工夫して遊ぶ。

A　創造性

　絵を描くといえば，すぐに「クレヨン」と「画用紙」を連想するが，クレヨン以外にも，色鉛筆，サインペン，筆などがあり，画用紙以外にも模造紙，広告の紙，段ボールなどがある。子どもは，ときに思いがけない素材の組み合わせから創造力豊かな表現を生み出す。それらを支える資質を心理学では，創造性という。創造性とは「われわれの過去の経験を深く掘り下げて，これらの選択された経験を結び合わせて，新しいパターン，新しいアイディア，または新しい所産を作り出すことである」というスミス（Smith, J. A.）の定義が広く受け入れられている。

♺**ギルフォードの創造性**　心理学では，創造性は人間の知的能力の重要な一側面であるとも考えられてきた。代表的な例として，ギルフォード（Guilford, G. A.）が，創造性を構成する因子として，次の6つの因子をあげている。

　①　**感受性**（sensitivity to problem）　問題点や改善点を見つけ出す能力
　②　**思考の流暢性**（fluency）　連想，アイディアなどをつぎつぎにたくさん出せる能力
　③　**思考の柔軟性**（flexibility）　一つのことをさまざまな角度からとらえられる能力
　④　**独創性**（originality）　他とは異なる独自の考えを生み出す能力
　⑤　**綿密性**（elaboration）　細部を注意深く詰めたり，ていねいに発展させる能力
　⑥　**再定義**（redefinition）　既存のものを異なる目的に利用できる能力

　6つの因子のなかでも，流暢性，柔軟性，独創性が特に重要であると考えられている。

♺**創造的思考のプロセス**　創造的思考は，次のような段階を踏んでなされるといわれている。
　準備段階：問題について，分析を試みたり，さまざまな必要な情報を集める段階
　あたため段階：いったん問題から離れ，他のことをしている間にも無意識的に問題解決が進められている段階
　ひらめき段階：これまでの段階を経たうえで，突然解決策が見つかる段階
　検証段階：得られた解決策が真に正しいかどうかを検証する段階

♺**創造性を育てるには**　スミスの定義にもみられるように，創造性の根柢には過去の経験がある。突然直感的にひらめいたようにみえる事柄も，実はそれまでに積み重ねてきた多くの経験や知識が結びついて生まれるものである。したがって，さまざまな場面で，さまざまなもの，素材，事柄，人と豊富に関わることのできる環境が，子どもの創造性を培うことにつながるといえよう。

事例

1 レストランごっこのエプロンづくり

4歳児，10月上旬。女児4〜5人でレストランごっこをしていた。はじめは，室内のおままごとのお皿や食べ物を使い，レストランで出すお料理を作り，ごっこ遊びを楽しんでいた。一通り，お客さん役とお店屋さん役に分かれて遊んでいると，Aちゃん，Bちゃんから「レストランだったら，お店の人はエプロンしたらどう」「注文取る時の携帯電話みたいな，ピッってするのも必要じゃない」「お金を払うときのレジも必要じゃない」と提案していた。子どもたちからはこれまでの各自のイメージから本格的なレストランの近づけたいとさまざまなアイディアが出てきた。

そこで，レストランごっこに参加していた女児は，それぞれの役割（ウェイトレス，客，料理人）に分かれて，必要な道具を作ることにした。そこで，Aちゃんは，ウェイトレスになるため，自分のエプロンを作ることにした。Aちゃんには，以前家族で行ったことのあるテーマパークのレストランでウェイトレスが付けていたフリルの付いたエプロンのイメージがあった。早速，クラス内の自由に使える素材（折り紙，模造紙，広告の紙，紐，テープなど）を使い作り始めたAちゃんだったが，なかなか自分のイメージ通りのエプロンには近づけず苦戦していた。するとBちゃんが，「Aちゃんの作りたいエプロンでどんな感じ？ここに絵描いてみて」と言ってきた。Aちゃんは「エプロンは，ピンク色で，白のフリフリも付いてて，ポケットもあった」と過去の記憶を辿りながら，自分のイメージするエプロンの絵を描きはじめた。デザイン画が完成すると，二人は「このフリフリしている部分は，ティッシュペーパーを付けたらどうかな？」「エプロンの模様には，折り紙をハート型に切って貼ったら素敵だと思う」「エプロンの紐は，このリボンを使えばいいね」と，イメージを形にしようとさまざまな素材を工夫しながら作成していた。

♣ 考えてみよう

1. 創造性とはどのような力のことを表わしているのか，本文を参考にまとめてみよう。
2. 子どもがイメージを広げ，そのイメージを表現することができるような素材とはどのようなものがあるか，あなたの身近にある廃材や材料をあげてみよう。

〈参考文献〉　＊　＊　＊　＊　＊　＊

岡本夏木，清水御代明，村井潤一監修：「発達心理学辞典」p.416, ミネルヴァ書房（1995）

section5-2 **オ 表 現**

〈該当番号〉
③ 様々な出来事の中で，感動したことを伝え合う楽しさを味わう。
④ 感じたこと，考えたことなどを音や動きなどで表現したり，自由にかいたり，つくったりなどする。
⑧ 自分のイメージを動きや言葉などで表現したり，演じて遊んだりするなどの楽しさを味わう。

B 自己表現

　「自己表現」とは，自分の心の中にあって目には見えない感情や思いを，絵や音楽や言葉や動きなどの形をもったものとして，外に向けて表すことである。表現するということは，ある事柄を別の形（手法）で表すという表象機能の発達を促進することにもつながり，幼児の全体的な精神発達にとっても重要な行為であるといえよう。また，表現活動は，他者に自分のイメージを伝えたいという欲求のもとになされるものである。したがって，幼児においては，自己表現を通して他者とのコミュニケーションの技能がみがかれ，社会性の発達につながるということも期待される。

☺ **遊びのなかで育つ自己表現力**　3歳以上になると言語での表現が流暢になり，友達同士の言葉での会話も盛んになり，また4歳前後には心の理論を獲得することから，会話を交わすことで互いの気持ちを感じとることができるようになる。特にごっこ遊びでは，他者の心にあるイメージを想像でき，さらにそのイメージが自分のものと共通であるという認識が必要である。子どもは友達と具体的な言葉や動きを相互に示し合うことで，お互いのイメージを確認し合いながら自分自身の表現力を高めていく。

☺ **子どもの自己表現の特性**　自分が感じたことや考えたことをはっきりと表現できる子どももいれば，なかなか自分の思いを表現できない子どももいる。表現することへの要因として，子どもの性格的な特性にも配慮する必要があろう。また，子どもの表現は，言葉，身体表現，造形のように分化した方法でなされるというよりは，それらが入り混じった形で表されることが多く，大人に比べると未熟で未分化ともいえる。保育者はそれらをありのままに受け入れ，何を表そうとしているのかを推察しようとする姿勢が必要である。

☺ **応答的環境の中で育つ自己表現力**　子どもにとっては，自分なりの表現が受け入れられ共感してもらえたという体験が，さらに表現することへの動機づけとなる。保育者には，一人ひとりの子どもの個性をそのまま受け入れる度量の広さと，個性に合わせて自己表現を引き出すような応答的な関わりが望まれる。例えば，「そうか，そんなふうに見えるんだね」とか「それはとってもおもしろいね」などの肯定的な言葉や，子どもの表現に素直に驚くといった共感敵な表情，しぐさなどで子どもは，応答的に関わられることにより満足感や充実感，自己効力感を味わい，さらに積極的に自己表現を行うようになると考えられる。

section 5 - 2　オ　表　現

事例

1　イルカショーごっこ　3歳児，9月初旬。夏休みにAちゃんとBちゃん家族は，一緒に旅行に出かけ，水族館でイルカショーを見てきた。夏休み明け，保育所にやってきた二人は，イルカショーの感動を興奮気味に担任に伝えてきた。「先生，お休みに水族館でイルカショー見たの！イルカがピョーンて，お空を飛んで，凄かったよ」，「お姉さんがピッって笛吹くと，大きくジャンプして，お水がバーンて飛んできて，ビショビショになっちゃた」とうれしそうに話しをしていた。

それから，クラスではAちゃんとBちゃんを中心にイルカショーごっこがブームになり，他児も交え，飼育員役とイルカ役に分かれ，ごっこ遊びが行われた。

イルカショーは，大型積み木をプールに見立て，丸く並べ，その中にイルカ役の子どもが泳ぎ，飼育員役の子どもが少し高くなった積み木の上に立ち，指示を出すという形で行われていた。

イルカショーのハイライトは，イルカがジャンプをしてフラフープの中を通る場面であった。イルカ役の子どもたちはどのようにフラフープをくぐるか，「こうやって，飛んだらどう？」「こうやって飛んだ方が，遠くまで飛べるかも」「背中はこうやって丸めた方が，いいんじゃない」と一人一人，自分のイメージするイルカの動きをさまざまに表現していた。

2　5歳児の踊りを真似る　運動会で「ソーラン節」を踊った5歳児。練習の段階から，5歳児の「ソーラン，ソーラン」の声と，最後の「やー！」というそろった掛け声を興味深く見学していた3歳児は，運動会当日も，おそろいの法被や大きな旗を使って踊る5歳児の姿に憧れを抱いていた。

運動会終了後，3歳児クラスでは5歳児の真似をして思い思いに「ソーラン節」を踊る姿がみられた。そのなかでもA君は，5歳児に対する憧れが大きく，登園後すぐに身の回りの荷物を始末すると，「ソーラン，ソーラン，ソーラン」と大きな声で歌いながら踊っていた。踊りの細部までは正確に覚えていないようだが，「こうかな？こうやっていたのかな？」と自分の感じるまま，思うままに腕やからだを動かしながら踊りに夢中になっていた。

♣　考えてみよう

1. 子どもの自己表現の手段を具体的にあげてみよう。

2. 子どもたちが，感じたことや考えたことを自分なりに音や動きで表現する活動として，音楽表現，身体表現の視点からどのような活動ができるか考えてみよう。

〈参考文献〉　＊　＊　＊　＊　＊　＊
谷田貝公昭編：「新版・保育用語辞典」，一藝社（2016）

section5-3　オ　表　現

〈該当番号〉
① 生活の中で様々な音，形，色，手触り，動きなどに気付いたり，感じたりするなどして楽しむ。
② 生活の中で美しいものや心を動かす出来事に触れ，イメージを豊かにする。

C　感　性

　子どもの周囲は音や光，色や形など，さまざまな刺激に満ち溢れている。子どもは五感を通してこれらの刺激を感じとりながら，何らかのまとまった物事や出来事に出会うたび，心を動かされ，それをイメージとして自分の中に蓄積していく。これをいいかえると，感覚器官で受容し，知覚した対象に対して「美しい」とか「可愛らしい」，「面白い」，「悲しい」などの評価的な印象をもつ，ということだが，このような力を「感性」とよぶ。

♺一人ひとりの感性　同じ対象に対して，ある人は「気持ちがいい」と感じても別の人は「恐ろしい」と感じることがあるように，感性は人によりさまざまに異なる。感性は，その人がどのような感覚的な経験を積んできたかにより，その人らしい個性として表れてくるものであるともいえよう。保育者の役割は，子どもが生活のなかで出会うさまざまなものに対して，五感が自然に活発にはたらき出すように環境を整えることである。そこでは，保育者自身の感性を押しつけるのではなく，子ども自身が自ら気づき，何かを感じることができるような配慮や工夫が大切になってくる。

♺相貌的知覚とアニミズム　幼児の認識能力は自己中心性を脱し切れず，自他が未分化であるため，机や椅子などの無生物にも人間と同じ生命や心があると信じる傾向がある。例えば，机に椅子をぶつけてしまったときに「机さんが痛い痛いっていってる」などのことばにあらわれる。これはアニミズムと呼ばれるものである。また，「お花が笑った」というように，対象や事象に人間と同じような表情や動きをとらえる相貌的知覚も，幼児の言動に多くみられる。いずれも発達的には未熟な段階の知覚とされるものだが，別の視点でとらえれば，幼児特有の感性である。

♺現実世界とファンタジーの世界　ごっこ遊びには子どもの感性とイメージの豊かさがよくあらわれるものだが，そのストーリーには現実世界での経験と，ファンタジー（空想）の世界とが入り混じっていることが多い。これも，アニミズムなどと同様に幼児の未分化な認識能力のためと考えることは可能だが，自由に空想や想像の翼を広げて，その世界を楽しむことは創造性にもつながっていくと考えられる。ファンタジーは，荒唐無稽に見えても，現実の世界での経験の影響を受けているといわれている。子どもが生活のなかで，自ら発見したり気づいていく姿に共感するとともに，子どもに「気づくヒント」を豊かに与えていきたいものである。

section 5-3 オ 表 現

事 例

1　大きな傘

　3歳児，7月中旬。待ちに待った梅雨明けとともに，子どもたちはようやく散歩に行けるようになり，うれしい毎日。この日も，子どもたちの大好きな小川が流れる公園に散歩に出かけた。夏の日差しが照りつける中，子どもたちは片道20分程度の道のりを歩いていると，大粒の汗が流れ，公園到着時には汗びっしょりになっていた。担任は，水分補給と少し汗をしずめようと，公園の中央にある大きな桜の木の下に子どもたちを誘導した。

　「皆，たくさん歩いて汗びっしょりだね。遊ぶ前に少しお茶飲んで，休憩しましょう」と声を掛けた。

　桜の木はかなりの巨木で，20人程度の子どもが十分に日差しを避けることができた。木陰に移動すると，これまでの強い日差しから一転，少し暗くなり，スーッと涼しい風が通り過ぎていった。担任は，水分補給のためのお茶を配り，「木の下に来ると，少し涼しくなって気持ちいいね」と話しをしていた。

　すると，お茶を飲みながら，大きな桜の木を見上げていたAくんが，「先生，僕たちが頑張って歩いてきたから，桜の木さんが，お日様が当たらないように大きな大きな傘さしてくれているみたいだね」とつぶやいていた。

2　絵の具でお絵描きしたのかな

　4歳児，7月下旬。梅雨も明け，連日の猛暑で園庭の気温が上昇していた。園庭で遊ぶ際，保育士はホースで園庭の温度を下げるため水を撒いていた。ホースを上に向け，高い位置から水が撒かれると，空には大きな虹が現れた。その様子を園庭に出る前に，ベランダで見ていた4歳児は，「わぁー，虹だ，虹だ！虹が出た！」と口々にうれしそうに話していた。その中で，Aちゃんは空に出た虹をみながら「わぁー，お空の妖精さんが絵の具で描いてくれたのかな」と不思議そうにつぶやいていた。

♣　考えてみよう

1. 「保育士としての感性」といった場合，それは具体的にはどのような能力を指すと思うか。話し合ってみよう。

2. 子どもが日常の保育や生活のなかで，美しいもの，優れたもの，心を動かす出来事に触れる，出来事に出会った際に，その感動を感性豊かに表現することができるようになるためには，保育士としてどのような点に配慮し，心がけていくことが必要か考えてみよう。

〈参考文献〉　＊　＊　＊　＊　＊　＊
谷田貝公昭編：「新版・保育用語辞典」，一藝社（2016）

保育の現場で役立つ 心理学
保育所保育指針を読み解く

初版発行	2018年9月30日
初版二刷	2020年3月30日

編著者ⓒ　　相良　順子

　　　　　　宮本　友弘

発行者　　森田　富子
発行所　　**株式会社 アイ・ケイ コーポレーション**

　　　　　東京都葛飾区西新小岩4‐37‐16

　　　　　メゾンドール I&K ／〒124‐0025

　　　　　　Tel 03‐5654‐3722（営業）

　　　　　　Fax 03‐5654‐3720

表紙デザイン　　㈱エナグ　渡部晶子

組版　ぷりんてぃあ第二／印刷所　モリモト印刷（株）

ISBN978‐4‐87492‐359‐7 C3011